30 दिन में बनें शेयर मार्केट में सफल निवेशक

अमोल गाँधी

डायमंड बुक्स

www.diamondbook.in

प्रकाशक : **डायमंड पॉकेट बुक्स (प्रा.) लि.**
X-30 ओखला इंडस्ट्रियल एरिया, फेज-II
नई दिल्ली-110020
फोन : 011-40712200
ई-मेल : sales@dpb.in
वेबसाइट : www.diamondbook.in

---

30 Din Mein Banein Share Market Mein Safal Niveshak
By : Amol Gandhi

लेखकीय

आज दुनिया में सबसे ज्यादा पैसा कमाने वाला यदि कोई क्षेत्र है तो वो है शेयर मार्किट। लेकिन कहते हैं न जहाँ जितना मुनाफा होता है वहां रिस्क भी उतना ज्यादा होता है। यह भी किसी ने ठीक ही कहा है कि जो जितना बड़ा रिस्क लेता है, वही सफल निवेशक बन जाता है।

भारत में आज देश की लगभग बहुत बड़ी पूंजी शेयर मार्किट में लगी है। और भारत के लगभग 5 लाख लोग इस क्षेत्र में प्रत्यक्ष और अप्रत्यक्ष रूप से जुड़े हैं। सबसे चौंकाने वाले तथ्य ये भी हमारे सामने हैं कि आज इन 5 लाख लोगों की कुल पूंजी देश के 65 प्रतिशत लोगों की कुल पूंजी के बराबर है।

शेयर मार्किट में कमाने वाला मुनाफा हर किसी को अपनी तरफ आकर्षित करता है। कुछ लोग इस आकर्षण में आकर अपना पैसा भी लगा देते हैं लेकिन कोई अनुभव नहीं होने के चलते वे लोग जल्द ही अपनी पूंजी गवा भी देते हैं।

इस बात का ध्यान रखते हुए मैंने अपने व्यक्तिगत अनुभव के आधार पर इस पुस्तक का लेखन किया है, ताकि शेयर मार्किट में आने वाले वे तमाम लोग जो अपना पैसा लगाना चाहते हैं, उनकी प्रारम्भिक मदद कर सकूं। ताकि लोग कम से कम जोखिम लेकर अपनी पूंजी को डूबने से बचा लें और ज्यादा से जयादा मुनाफा कमा सकें।

आपको यह पुस्तक शेयर बाजार की तमाम मुश्किलों को हल करने में मदद करेगी। ऐसी मुझे उम्मीद है। मुझे आपके अनमोल विचारों की प्रतीक्षा रहेगी।

–अमोल गाँधी

विषय सूची

1. निवेश क्या है?

मेरा सचमुच ये मानना है कि जिस चीज को आप चाहते हैं उसमें असफल होना जिस चीज को आप नहीं चाहते उसमें सफल होने से बेहतर है। **-जॉर्ज बर्न्स**

सफल निवेशक बनने के लिए जरुरी है हम सबसे पहले समझें कि आखिर निवेश क्या है। क्योंकि अक्सर लोग निवेश शब्द को लेकर कंफ्यूज हो जाते हैं। निवेश को अंग्रेजी में investment कहते हैं और अर्थशास्त्री इसे विनियोग भी कहते हैं। कोई व्यक्ति या संस्था अपने धन से धन कमाता हो या रुपये को काम पर लगाना या रुपये से रुपये कमाना उसे निवेश कहते हैं।

ज्यादातर लोग सिर्फ नौकरी या काम करके आय अर्जित कर सकते हैं। जैसे-जैसे आपकी उम्र बढ़ती है वैसे ही खर्च भी बढ़ता है। उम्र बढ़ने के साथ कार्य क्षमता भी घटने लगती है।

दुनिया में कुछ ही प्रतिशत लोग हैं, जो नौकरी या काम के अलावा भी इनकम जनरेट कर पाते हैं, उन्हें निवेशक कहते हैं।

निवेशक वे लोग होते हैं जो अपनी कमाई से बचत कर के, कुछ रुपयों का निवेश कर के उससे कमाई करते हैं। निवेशकों की जैसे-जैसे उम्र बढ़ती है उनकी निवेश से इनकम भी बढ़ती है। निवेशकों को कभी भी पूरी जिंदगी काम करने की आवश्यकता नहीं होती है।

आप अपनी इनकम बढ़ाने के लिए अपना डुप्लीकेट बना कर काम पर नहीं लगा सकते हैं, ज्यादा से ज्यादा आप ओवरटाइम काम कर सकते हैं। इनकम बढ़ाने का सबसे सही विकल्प निवेश है। नौकरी छूट जाए या असमय मृत्यु से निवेश आपका ही नहीं आपके परिवार की भी रक्षा करता है।

निवेशक पैसों का निवेश बिना जोखिम या कम जोखिम से निवेश करता है, जबकि एक जुआरी पैसे कमाने के लालच में कभी-कभी सारे पैसे गंवा बैठता है। जुआ खेलकर या कैसीनो में पैसे लगाकर पैसे कमाने को निवेश नहीं कहते हैं।

निवेश में जो रुपया लगाया जाता है वह सुरक्षित हो और उससे हर महीने कुछ ना कुछ मुनाफा आए, तभी निवेश कहलाता है। कुछ लोग तो चिटफंड जैसी कंपनी में पैसे लगाकर ज्यादा रिटर्न हासिल करने के चक्कर में अपनी सारी पूंजी गवा बैठते हैं, उसे निवेश नहीं कह सकते हैं।

महंगे मोबाइल फोन या महंगा कपड़ा खरीदना यह बिल्कुल निवेश नहीं है, क्योंकि यह मोबाइल फोन या कपड़ा खुद से पैसे कमा नहीं सकता है। कुछ समय के बाद इन दोनों चीजों की मार्केट वैल्यू जीरो हो जाती है।

निवेश के प्रकार

निवेश के कई प्रकार हैं, जिनके आधार अलग-अलग हो सकते हैं।

अल्पकालिक

एक वर्ष या उससे कम समय के लिए किए गए निवेश को अल्पकालिक निवेश कहते हैं। इस तरह के निवेश से भी कमाई की जा सकती है। आप जानते हैं कि बूंद-बूंद से घड़ा भर जाता है, उसी प्रकार छोटी-छोटी कमाई से भी हमारा निवेश बड़ा हो जाता है।

मान लीजिए कि आप हर महीने कुछ पैसों की बचत कर रहे हैं और आपके पास अभी इतना पैसा जमा नहीं हुआ है कि आप एक बार प्रॉपर्टी खरीद सकते हैं। आप हर महीने फिक्स डिपॉजिट कर सकते हैं, क्योंकि आज के समय में 30 दिनों के लिए भी फिक्स डिपाजिट होता है। आप वह सामान खरीद कर स्टॉक कर सकते हैं, जिसका दाम बढ़ने के चांसेस होते हैं।

मध्यमकालिक

एक वर्ष से ज्यादा और 5 वर्षों से कम समय के लिए किए गए निवेश को मध्यमकालिक निवेश कहते हैं। मध्यमकालिक निवेश ऑप्शंस काफी बढ़ जाते हैं।

दीर्घकालिक

5 वर्षों से ज्यादा समय के लिए किए गए निवेश को दीर्घकालिक निवेश माना जाता है। निवेश को जितना ज्यादा समय देंगे आपको रिटर्न उतना ज्यादा मिलेगा और निवेश के ऑप्शन भी ज्यादा होते हैं।

सुरक्षित

सुरक्षित निवेश उस निवेश को कहते हैं जिसमें पूंजी के साथ-साथ रिटर्न की वापसी की पूरी गारंटी होती है। इस तरह के निवेश में रिटर्न कम होता है, लेकिन टेंशन फ्री निवेश कहलाता है।

असुरक्षित निवेश

असुरक्षित निवेश उस निवेश को कहते हैं जिसमें निवेश की गई रकम और रिटर्न की कोई गारंटी नहीं होती है। अंग्रेजी की एक कहावत सुनी होगी "मोर रिस्क मोर गेन" ज्यादा जोखिम वाले निवेश में रिटर्न के चांसेस ज्यादा होते हैं।

आपके पास एक नियमित बचत खाता नहीं है, तो आप खुद को एक निवेशक कह सकते हैं। आप अनिवार्य रूप से बैंक को पैसा उधार दे रहे हैं, जो कि यह ऋण के रूप में होगा। वापसी दयनीय है, लेकिन फेडरल डिपॉजिट इंश्योरेंस कॉरपोरेशन (एफडीआईसी) की वजह से जोखिम आगे भी हैं।

बॉन्ड

कोषागारों और अंतर्राष्ट्रीय कर्ज के मुद्दों से कॉर्पोरेट जंक बॉन्ड्स और क्रेडिट डिफॉल्ट स्वैप (सीडीएस) से विभिन्न प्रकार के निवेश के लिए बॉन्ड एक कैचॉल श्रेणी है। विभिन्न प्रकार के बांडों के बीच जोखिम और रिटर्न व्यापक रूप से भिन्न होते हैं, लेकिन कुल मिलाकर, उधार देने वाले निवेशों में जोखिम कम होता है और स्वामित्व निवेश से कम लाभ होता है।

नकद समतुल्य

ये ऐसे निवेश हैं जो "नकदी के रूप में अच्छा" है, जिसका अर्थ है कि वे नकदी में वापस परिवर्तित करना आसान है।

मनी मार्केट फंड्स

धन बाजार फंड के साथ, रिटर्न बहुत छोटा है, 1% से 2%, और जोखिम भी छोटे हैं। यद्यपि मुद्रा बाजार फंड ने हाल की स्मृति में "हिरन को तोड़ दिया" है, लेकिन यह एक दुर्लभ स्वान घटना माना जाता है। मनी मार्केट फंड्स अन्य निवेशों की तुलना में अधिक तरल हैं, जिसका अर्थ है कि आप मनी मार्केट खातों की जांच कर सकते हैं। जैसे कि आप एक चेकिंग खाते के साथ। बंद करें, लेकिन बिल्कुल नहीं।

और आपकी शिक्षा को कई बार निवेश कहा जाता है। यह आपको उच्च स्तर आय हासिल करने में मदद करता है। आपके लिए एक मामला स्वामित्व निवेश जैसे आय के बदले अपनी शिक्षा को "लघु व्यवसाय सेवा की तरह" बेचता है।

यह तकनीकी रूप से एक निवेश नहीं है, इसका कारण व्यावहारिक है स्पष्टता के लिए, हमें निवेश के लिए बेतुकापन विज्ञापन से बचने की आवश्यकता है। हम हर बार जब हम एक आइटम खरीदा है, जो हमें संभावित रूप से अधिक उत्पादक बना सकते हैं, जैसे कि तनाव बॉल में निवेश करने के लिए निचोड़ या कॉफी बनाने के लिए एक कप कॉफी। शिक्षा के बजाय निवेश का मतलब बढ़ाने के लिए निवेश का अर्थ है, जिसका मतलब, अर्थ से छिपा हुआ है।

उपरोक्त बातों में आपको समझ में आया होगा कि निवेश क्या है? क्या नहीं है? सफल निवेशक के लिए ये जरूरी बातें हैं। जिनको समझना बहुत जरूरी था।

2. निवेश क्यों जरूरी है?

> हमेशा याद रखिये कि सफलता के लिए किया गया आपका अपना संकल्प किसी भी और संकल्प से ज्यादा महत्त्व रखता है।
> **–अब्राहम लिंकन**

आज शेयर बाजार में हर कोई कदम रखना चाहता है। ये कदम क्यों जरूरी है, इसके लिए हमें कुछ बैटन का ध्यान रखना जरुरी है। यह भी आज जानने की जरूरत है कि निवेश क्यों जरूरी है। एक उम्र के बाद आपको लगता है कि जो पैसे आपके पास हैं वो पर्याप्त नहीं हैं, आपको भविष्य में और पैसों की जरूरत पड़ सकती है। ऐसे में आप निवेश का रास्ता अपनाते हैं।

शुरुआत में तो निवेश से हर कोई घबराता है, लेकिन बाद में जब इसकी समझ बढ़ जाती है तो निवेश की प्रक्रिया और भी अच्छी लगने लगती है। सच बात यह है कि यदि आप इतने बड़े हो गए हैं कि आप पैसा कमा सकें तो आपको पैसा निवेश भी करने आना चाहिए। निवेश असल में कुछ नहीं, बल्कि ऐसी प्रक्रिया है जिससे आप अपने पैसों का उपयोग कर सकें।

आप किसी पब्लिक लिमिटेड कंपनी के शेयर्स खरीदते हैं और उसके शेयरहोल्डर बन जाते हैं। कंपनी अपने कुल लाभ में से कुछ प्रतिशत आपको 'लाभांश' के रूप में देती है। इस प्रकार आपके द्वारा निवेश किये गए पैसे से आपको "आमदनी" होती है।

सेविंग के विपरीत जब आप अपने पैसों का निवेश करते हैं तो आप इसे केवल सुरक्षित करके नहीं रखते, बल्कि इसे बढ़ाने का प्रयत्न करते हैं। बैंक के खाते में पैसे बचाकर रखने को निवेश करना नहीं कहा जा सकता। कम से कम क्रेडिट स्कोर 800 बनाए रखना जरूरी है, आपका

स्कोर क्या है? हर बार अपनी कार की खरीद पर रु. 15000/- तक की छूट पायें। अभी पूछताछ करें। Acko Drive आपको अपने सपनों की कार तक ले जाएगा।

आप बिना सोचे समझे किसी भी जगह पैसे का निवेश नहीं कर सकते। सही तरीके से निवेश करना एक सोची समझी प्रक्रिया है, जिससे रिटर्न्स मिलने के लिए भाग्य पर निर्भर नहीं होना पड़ता। आपको निवेश क्यों करना चाहिए? यदि निवेश करने के बजाय आप अपने पैसे पिगी बैंक या सेफ्टी वॉलेट में रखते हैं तो ये कभी भी बढ़ते नहीं हैं। ऐसा करने के लिए आपको पैसे का निवेश वहां करना पड़ता है, जहाँ आपको इस पर ब्याज मिल सके या ऐसे चीजों को बेचें या खरीदें जिनका मूल्य समय के साथ बढ़ा है। भविष्य के लिए कोई भी व्यक्ति जीवन भर काम नहीं करना चाहता। यह भी एक प्रमुख कारण है कि आपको अपने पैसे का निवेश करना चाहिए ताकि आपका भविष्य सुरक्षित हो सके। आपका लक्ष्य चाहे कुछ भी हो। बच्चों को उच्च शिक्षा के लिए विदेश भेजना या अपना सेवानिवृत्ति का समय समुद्र के किनारे बिताना। ठीक तरह से निवेश करने से आप अपने आर्थिक लक्ष्यों को प्राप्त कर सकते हैं।

3. एक निवेशक को निवेश से क्या चाहिए?

> एक सफल व्यक्ति वह है जो औरों द्वारा अपने ऊपर फेंके गए ईंटों से एक मजबूत नीव बना सके। **–डेविड ब्रिंकले**

जब कोई छोटा या बड़ा निवेशक अपनी पूंजी का निवेश शेयर बाजार में करता है तो वह ज्यादा से ज्यादा मुनाफा चाहता है, लेकिन निवेश करने से पहले अपनी जोखिम क्षमता को समझना सबसे जरूरी है। म्यूचुअल फंड सलाहकार भी इस बात पर जोर देते हैं कि निवेशकों को अपनी जोखिम क्षमता के अनुसार ही स्कीम का चयन करना चाहिए। ऐसे में सवाल उठता है कि क्या निवेशक जोखिम की अवधारणा को समझते हैं?

ज्यादातर सलाहाकारों का भी कहना है कि अधिकतर निवशकों को म्यूचुअल फंड निवेश में जोखिम के बारे में कोई आइडिया नहीं है। इसमें बड़ी संख्या में नए निवेशक शामिल हैं। उनका कहना है कि इस तरह के ज्यादातर निवेशक खुद पर बहुत ज्यादा भरोसा करते हैं। बाजार में अस्थिरता के दौरान यह भरोसा गायब हो जाता है। गिरावट के दौरान ये अति-आत्मविश्वासी निवेशक काफी बेचैन हो जाते हैं। निवेशक जोखिम के अर्थ को अपने अनुसार समझ रहे हैं। उन्हें लगता है कि जोखिम का अर्थ ज्यादा रिटर्न से है। उन्हें यह नहीं पता कि अधिक जोखिम उठाना घाटे का भी सौदा साबित हो सकता है। ज्यादातर निवेशक जोखिम को पूंजी की बर्बादी के साथ जोड़कर नहीं देखते हैं। उनका मानना है कि निवेशकों को दांव लगाने से पहले खुद से कुछ सवाल जरूर करने चाहिए और फिर किसी निर्णय तक पहुंचना चाहिए।

निवेशक अपनी जोखिम क्षमता जानने के लिए खुद से पूछें कि आप पूंजी में कितनी गिरावट बर्दाश्त कर सकते हैं? यह भी पूछें कि ऐसी स्थिति शेयर बाजार में दोबारा आने पर आप निवेश जारी रख सकेंगे या नहीं। यदि निवेशक इन सब का जवाब खुद नहीं दे पाता तो यह निवेशक के लिए ज्यादा कठिन हो जाता है और वह अभी भी शेयर बाजार के उतार–चढ़ाव के समय तनाव में रह सकता है।

यदि निवेशक ने कुछ साल पहले 1 लाख रुपये का निवेश किया। कुछ समय में यह रकम दोगुनी हो गई। बाजार की अस्थिरता में यह रकम 1.5 लाख रुपये तक फिसल गई। इसका अर्थ हुआ कि आपका मुनाफा आधा हो गया। क्या आप इस तरह का जोखिम उठा सकते हैं?

कई निवेश यह जोखिम भी नहीं उठा सकते। उनके लिए तो अपनी मूलधन की राशि में कमी आने के बारे में सोचना भी कठिन है। वे इस बात को नहीं समझते कि निवेश के दौरान उनके 1 लाख रुपये की वैल्यू 90,000 भी हो सकती है। इसकी वैल्यू इससे ज्यादा भी नीचे जा सकती है।

शुरुआत में निवेशकों को लगा कि यह डेट फंड्स के लिए अच्छा समय है। उन्हें ब्याज दरों में कटौती की उम्मीद हो सकती है। जबकि

ब्याज दरें कम नहीं होती और कभी-कभी निवेशक को नुक्सान भी उठाना पड़ सकता है।

इसी तरह शानदार रिटर्न देने वाले शेयर भी कभी-कभी निवेशकों को निराश कर सकते हैं। निवेशकों को समझना चाहिए कि वे कहां पैसा लगा रहे हैं। निवेशकों को जोखिम क्षमता के अनुसार ही निवेश करना चाहिए। हर श्रेणी और स्कीम का जोखिम अलग होता है। मौजूदा समय में ज्यादातर म्यूचुअल फंड कंपनियां सेबी के निर्देशानुसार के स्कीम की कैटेगरी में बदलाव करने में व्यस्त हैं। निवेशकों को इनको ध्यान में रखकर ही पोर्टफोलियो में सुधार करने चाहिएं।

4. शेयर बाजार : शुरुआत कैसे करें?

> सफलता का एक आसान फार्मूला है, आप अपना सर्वोत्तम दीजिये और हो सकता है लोग उसे पसंद कर लें। **-सैम ईविंग**

निवेशक चाहे कहीं भी निवेश करे उसको प्रारम्भिक जानकारी जरुरी होती है। खासकर शेयर बाजार में तो यह जानकारी और भी जरूरी है। तो आइये यदि आप सफल निवेशक बनना चाहते हैं तो सबसे पहले यह समझें कि शेयर बाजार में निवेश करने के लिए कौन-कौन सी जरूरी चीजों का जानना जरूरी है।

शेयर बाजार में निवेश आजकल हर किसी को लुभा रहा है। ऐसा इसलिए कि डिजिटल क्रांति से उपजी इन्टरनेट बैंकिंग और मोबाइल बैंकिंग का इस्तेमाल करने वालों की संख्या बढ़ी है। खासकर, मोबाइल द्वारा रियल टाइम में स्टॉक खरीदना और बेचना सुलभ हुआ है। बढ़ता हुआ स्टॉक मार्केट इंडेक्स और निफ्टी के लुभावने आंकड़े प्रायः हर किसी को लुभा रहे हैं। दरअसल, स्टॉक मार्केट के सम्बन्ध में तमाम जानकारी अब मोबाइल इन्टरनेट पर भी उपलब्ध है, जिससे निवेश के अन्य विकल्पों, यथा- बैंक जमा, सोना आदि से भी अधिक लाभ की सम्भावना स्टॉक मार्केट निवेश में है।

लिहाजा, यदि आप भी स्टॉक मार्केट में निवेश की शुरुआत करना चाहते हैं और यह नहीं समझ पा रहे हैं कि स्टॉक मार्केट में निवेश की शुरुआत कैसे और कितनी की जाए, तो निम्नलिखित बातों पर गौर कीजिए, ताकि आप स्टॉक मार्केट में समुचित निवेश की शुरुआत आसानी से कर सकें।

ऐसा करने से पहले आपको स्टॉक मार्केट में निवेश करने में पथप्रदर्शक समझी जाने वाली पांच महत्त्वपूर्ण बातों को बारीकी पूर्वक समझना होगा।

पहला, स्टॉक मार्केट में निवेश के लिए आपके पास क्या-क्या डॉक्यूमेंट होना चाहिए? दूसरा, स्टॉक मार्केट में निवेश के लिए आपको किस-किस तरह के एकाउंट खोलने की जरूरत होगी? तीसरा, स्टॉक मार्केट में निवेश के लिए आपको कम से कम कितने रुपए की जरूरत होगी, जिसका बुद्धिमत्तापूर्ण उपयोग करके अपनी निवेश पूंजी बढ़ाते रहेंगे? चौथा, स्टॉक मार्केट में कोई भी स्टॉक कैसे खरीदेंगे तथा कैसे उसे बेचेंगे? पांचवां, स्टॉक मार्केट में निवेश करके आप कैसे सर्वाधिक लाभ कमा पाएंगे और उसे रोटेट करते रहेंगे?

पैन कार्ड

आपको पता होना चाहिए कि स्टॉक मार्केट में निवेश के लिए सबसे पहले किसी भी इच्छुक व्यक्ति के पास पैन कार्ड होना अनिवार्य है। इसका फुल फॉर्म होता है, परमानेंट एकाउंट नंबर। यह दस अंकों का एक महत्त्वपूर्ण नंबर होता है जिसे भारतीय आयकर विभाग द्वारा जारी किया जाता है। दरअसल, भारत में किसी भी वित्तीय लेन-देन के लिए यही पैन नंबर आवश्यक होता है। यदि आपका पैन कार्ड नहीं बना है तो अविलम्ब इसे बनवा लीजिए। अब इसे बनवाने के लिए ऑनलाइन एप्लीकेशन भी एनएसडीएल की वेबसाइट पर भेज सकते हैं।

केवाईसी डॉक्यूमेंट

आपने देखा होगा कि बैंक भी अपने विभिन्न खातों के लिए एक निश्चित अंतराल पर केवाईसी करती है। इसका फुल फार्म होता है नो योर कस्टमर। इसके अंतर्गत किसी भी खाताधारक से उसके आधार कार्ड एवं अन्य एड्रेस प्रूफ के अपडेट्स मांगे जाते हैं जो केवाईसी डाक्यूमेंट्स कहलाते हैं।

इंटरनेट बैंकिंग

स्टॉक मार्केट से आप जो भी स्टॉक (शेयर) खरीदेंगे, उसका भुगतान करने के लिए आपको अपने ब्रोकर को पेमेंट देना होगा, क्योंकि आपका ब्रोकर ही आपके पैसे को शेयर बेचने वाले तक पहुंचाएगा और आपने जो भी शेयर खरीदा है, वह शेयर आपके डीमैट एकाउंट में जमा कर देगा। यही वजह है कि आपको अपने ब्रोकर को भुगतान करने के लिए अनिवार्य रूप

से एक ऑनलाइन इन्टरनेट बैंकिंग अकाउंट की जरूरत पड़ती है, जिसके माध्यम से आप अपने ब्रोकर को भुगतान दे सकें।

लिहाजा, आपके सभी तरह के भुगतान का रिकॉर्ड रखने के लिए प्रत्येक स्टॉक ब्रोकर एक एकाउंट खोलता है, जिसे ट्रेडिंग एकाउंट कहते हैं। दरअसल, आपको कोई भी स्टॉक खरीदने के लिए सर्वप्रथम अपने इसी ट्रेडिंग एकाउंट में पैसे जमा करने होंगे, एवं शेयर बेचने पर आपका ब्रोकर इसी ट्रेडिंग एकाउंट में आपको शेयर के बदले पैसा जमा कर देंगा। इसी तरह आपकी शेयर्स की खरीद-बिक्री चलती रहेगी।

5. स्टॉक ब्रोकर का चयन

> जिन्दगी में कामयाबी पाने के लिए दो चीजें चाहियें:
> अज्ञानता और आत्मविश्वास। -**मार्क ट्वेन**

कोई भी व्यक्ति प्रत्यक्षतः स्टॉक एक्सचेंज (बीएसई या एनएसई) से स्टॉक खरीद या बेच नहीं सकता है। इसलिए स्टॉक एक्सचेंज तक हमारे स्टॉक खरीदने या बेचने के आर्डर को किसी स्टॉक ब्रोकर द्वारा ही पूरा किया जाता है। तभी तो शेयर खरीदने के लिए या स्टॉक मार्केट में निवेश के लिए किसी को भी एक स्टॉक ब्रोकर की जरूरत होती है, जो एक ऐसी एजेंसी होती है जो स्टॉक एक्सचेंज पर स्टॉक खरीदने या बेचने के लिए प्राधिकृत होती है। उदाहरणार्थ- शेरखान, एंजेल ब्रोकिंग, आईसीआईसीआई डायरेक्ट, इंडियाबुल्स और अन्य।

डीमैट एकाउंट

किसी भी व्यक्ति द्वारा खरीदे गए शेयर को अपने पास रखने के लिए हमें अनिवार्य रूप से डीमैट एकाउंट की जरूरत होती है, जिसमें खरीदे गए शेयर (स्टॉक) इलेक्ट्रॉनिक फॉर्म में जमा (क्रेडिट) रहते हैं, लेकिन जब इसे बेचा जाता है तो इसे बेचने पर भी इस अकाउंट से डेबिट कर दिए जाते हैं। प्रायः हरेक बार यही सिलसिला चलता रहता है।

ट्रेडिंग एकाउंट

किसी भी शेयर को खरीदने या बेचने का काम ट्रेडिंग एकाउंट की मदद से ही किया जाता है, जिसमें हमें एक यूजर आईडी और पासवर्ड मिलता है। प्रायः इसकी मदद से ही हम लोग स्टॉक ब्रोकर के सॉफ्टवेयर या सिस्टम का उपयोग करके कोई भी स्टॉक खरीदने अथवा बेचने का आर्डर देते हैं।

ब्रोकर्स

स्टॉक ब्रोकर अपनी सेवाओं के बदले आपसे जो फीस लेता है, उसे ब्रोकर्स कहा जाता है। इसलिए आप जब भी अपने स्टॉक ब्रोकर का चुनाव करें तो स्टॉक ब्रोकर द्वारा दी जाने वाली सेवाओं तथा उसके ब्रोकर्स की तुलना बाजार में उपलब्ध अन्य स्टॉक ब्रोकर्स से जरूर करें ताकि आपको कम फीस देनी पड़े और सेवा भी अपेक्षाकृत बेहतर मिले।

अमूमन, स्टॉक मार्केट में निवेश की शुरुआत करने वाले नए निवेशकों के मन में कई तरह के अजीबोगरीब सवाल उठते हैं, जिसमें से एक प्रमुख सवाल यह है कि उसके पास न्यूनतम कितने पैसे होने चाहिए? दूसरा सवाल यह कि क्या बैंक एकाउंट जैसे मिनिमम बैलेंस की तरह स्टॉक मार्केट में भी मिनिमम अमाउंट जमा रखने की जरूरत है? आपको पता होना चाहिए कि स्टॉक मार्केट में निवेश के लिए न्यूनतम धनराशि जैसी कोई लिमिट नहीं होती है, बल्कि आप 100 रुपए या 500 रुपए से भी शेयर खरीदना चाहें, बेशक खरीद सकते हैं।

रही बात डीमैट एकाउंट या ट्रेडिंग एकाउंट में मिनिमम बैलेंस रखने

की, तो यह जान लीजिए कि डीमैट एकाउंट में सिर्फ शेयर या स्टॉक जमा होते हैं, पैसे नहीं। लिहाजा, डीमैट एकाउंट में कम या अधिक पैसे रखने का कोई सवाल ही नहीं पैदा होता। दूसरी तरफ, ट्रेडिंग एकाउंट जिसकी मदद से आप खरीदे गए शेयर का भुगतान अपने ब्रोकर को करते हैं, तो आपको ये पता होना चाहिए कि आपके ट्रेडिंग अकाउंट में सिर्फ उतना ही पैसा चाहिए, जितने का आप शेयर खरीदना चाहते हैं। यहां भी स्टॉक ब्रोकर ट्रेडिंग अकाउंट में किसी तरह के मिनिमम अकाउंट बैलेंस मेन्टेन करने की बात नहीं है।

6. स्टॉक मार्केट में स्टॉक कैसे खरीदेंगे?

> कोई भी पुरुष बिना एक स्त्री के सहयोग के सफल नहीं होता। पत्नी या माँ, अगर दोनों हों, तो वह सचमुच बहुत भाग्यशाली है।
> **-हैरोल्ड मैक मिलन**

इस बात में कोई दो राय नहीं कि स्टॉक मार्केट में निवेश की शुरुआत करने वाले नए निवेशकों के मन में कई तरह के प्रश्न होते हैं जिसमें एक प्रमुख सवाल यह है कि आखिरकार किसी भी स्टॉक को हम लोग कैसे खरीदेंगे और फिर कैसे बेचेंगे? तो आपको पता होना चाहिए कि अब स्टॉक खरीदना और बेचना दोनों ही आसान है, बिल्कुल मोबाइल से एसएमएस या व्हाट्सएप्प पर मैसेज भेजने जैसा।

ऐसा इसलिए कि जब आप किसी ब्रोकर के पास अपना डीमैट और ट्रेडिंग अकाउंट खोल लेते हैं तो आपका ब्रोकर आपको स्टॉक खरीदने-बेचने के लिए ट्रेडिंग एकाउंट का यूजर आईडी और पासवर्ड देगा। और आप उस यूजर आईडी और पासवर्ड को स्टॉक ब्रोकर के सॉफ्टवेयर में चाहे वो कंप्यूटर पर हो या मोबाइल पर, जैसे ही लॉग इन करते हैं तो यूजर आईडी/ पासवर्ड की मदद से स्टॉक खरीदने-बेचने का आर्डर अपने ब्रोकर को देते हैं जो आपका आर्डर स्टॉक एक्सचेंज, यथा-बीएसई या एनएसई में भेजता है। फिर जैसे ही स्टॉक एक्सचेंज आर्डर को पूरा कर देता है तो आपको उस स्टॉक के खरीदने के आर्डर के पूरा हो जाने का एक कन्फर्मेशन मैसेज मिल जाता है।

इस तरह की ट्रेडिंग में आप शेयर को अपने पास रखने के लिए नहीं खरीदते हैं, बल्कि आप शेयर के भाव में होने वाले उतार-चढ़ाव का फायदा उठाकर लाभ कमाना चाहते हैं। लिहाजा, आप जिस दिन शेयर खरीदने का आर्डर देते हैं, उसी दिन बेच भी देते हैं। इस प्रकार यदि आप इंट्रा डे ट्रेडिंग

करना चाहते हैं तो आपको अपने ट्रेडिंग एकाउंट में लॉग इन करके, स्टॉक खरीदने का आर्डर देते समय इंट्रा डे का विकल्प चुनना होगा, तभी वह काम करेगा।

जब आप खरीदे गए शेयर को अपने पास कुछ दिन या फिर जितना चाहें उतने समय के लिए अपने पास रखना चाहते हैं तो इस तरह के शेयर की खरीद के आर्डर को डिलीवरी बेस्ड ट्रेडिंग कहा जाता है। इसके लिए आपको अपने ट्रेडिंग अकाउंट में लॉग इन करके स्टॉक खरीदने का आर्डर देते समय डिलीवरी का विकल्प चुनना होगा।

ध्यान रहे कि डिलीवरी बेस्ड ट्रेडिंग में खरीदे गए स्टॉक/शेयर आप जिस दिन खरीदते हैं, उस दिन को छोड़कर अगले दो दिन बाद (टी + 2डेज) ही आपके डीमैट एकाउंट में जमा होते हैं। इस तरह की डिलीवरी बेस्ड ट्रेडिंग में जब आपके डीमैट एकाउंट में शेयर जमा हो जाएं तो उसके बाद ही आप उसे बेचें। लिहाजा, जब आप स्टॉक मार्केट में ट्रेडिंग शुरू करें तो इस बात को पहले सोचें कि आप किस तरह की ट्रेडिंग करना चाहते हैं- इंट्रा डे या डिलीवरी ट्रेडिंग।

7. शेयर में ज्ञान

> मुझे सफलता का मन्त्र नहीं पता, पर सभी को खुश करने का प्रयास करना ही असफलता का मन्त्र है।
>
> **-बिल कासबी**

मनुष्य के बारे में कहा जाता है कि उसका ज्ञान लगातार बढ़ रहा है। उसने दुनिया को जितना तर्क की कसौटी पर परखा उससे समझने और समझाने में ज्यादा समय नहीं लगता। शेयर बाजार अर्थव्यवस्था की सबसे नवीन अवधारणा है। जिसे समझने में थोड़ा वक्त जरुर लग सकता है लेकिन यदि एक बार समझ में आ जाये तो निवेशक हर तरह की चुनौतियों से सामना कर सकता है। निवेशक को न सिर्फ शेयर बाजार का ज्ञान जरूरी है, बल्कि शेयर का ज्ञान भी उतना ही महत्त्वपूर्ण है।

शेयर खरीद कर पैसा बनाना इतना भी आसान नहीं है, जितना कि एक नये निवेशक सोचते हैं। इसमें आपको हर समय बाजार के रुख पर कड़ी नजर बनाये रखनी होती है, साथ ही शोध और बेहतर योजना करनी होती है। कुछ सुझावों के माध्यम से आप कुछ परेशानियों और कमियों को दूर करेंगे।

शेयर खरीदते और बेचते समय इन बातों को ध्यान में रखें:

- पहले सीखें- कभी भी बिना कुछ जाने समझे स्टॉक मार्केट में नहीं कूदना चाहिए। पहले शेयर बाजार को अच्छे से समझिये तब इसमें आइये।
- सीखने के लिए अपने आप को समय दीजिये, business related newspaper को पढ़िए, कंपनियों के बिजनेस प्लान को समझिये, balance sheet को पढ़ना सीखिए, P/E, EPS, ROE को अच्छे से जान लीजिये तब किसी Share Bazar में invest कीजिये।

- शेयर बाजार में आपको लंबे समय के लिए निवेश करना चाहिए। इससे मुनाफा होना निश्चित है। Intra-day Trading से कम समय में ज्यादा पैसे कमाये जा सकते हैं लेकिन इसमें रिस्क है। इससे आपको सेव भी हो सकता है। इसलिए लॉन्ग टर्म इन्वेस्टमेंट ही करें।
- शेयर बाजार में आप किसी भी कंपनी का शेयर खरीद सकते हैं, लेकिन आपको शुरुआत में उसी कंपनी का शेयर खरीदना चाहिए जिसे आप जानते हैं, यानी कि दैनिक जीवन में जिसके products का उपयोग करते हैं। जिस कंपनी का बिजनेस आपको अच्छे से समझ में आये पहले उसी में इन्वेस्ट करें।
- शेयर बेचने के लिए हमेशा अपने शेयर का एक निश्चित मूल्य निर्धारित करें। जैसे कि आपने किसी शेयर को 1000 हजार के भाव में खरीदा और उसके बेचने का एक टारगेट सेट कर दिया कि जब इस share के भाव 1300 हो जायेंगे तब हम इसे बेच देंगे। आपके शेयर का भाव जैसे ही टार्गेट प्राइस पर पहुंचे आप उसे बेच दें।
- एक तरह के कंपनी के बहुत सारे शेयर एक ही बार न खरीद लें। आपको कई अलग-अलग सेक्टर के कंपनियों के शेयर को थोड़ा-थोड़ा करके खरीदना चाहिए। आप अपने शेयर के लिमिट को साप्ताहिक या मासिक आधार पर बढ़ा सकते हैं।
- आपको किसी ऐसी कंपनी के Equity (शेयर) को खरीदना चाहिए जो आर्थिक रूप से काफी मजबूत हो, साथ ही उसका मैनेजमेंट कैसा है ये भी देख लें। क्योंकि जो कंपनी आर्थिक रूप से पंगु होती है या फिर जो अपने मैनेजमेंट को लेकर परेशान रहती है उसके शेयर के वैल्यू कम होने के chances बढ़ जाते हैं।

  निफ्टी और सेंसेक्स में शामिल कंपनियां अपने सेक्टर की काफी अच्छी कंपनियां होती हैं, आप इनके शेयर को बेझिझक खरीद सकते हैं।
- स्टॉक एक्सचेंज में निवेश करना रिस्क भरा होता है, इसलिए आप अपना रिस्क प्रोफाइल जरूर बना लें। इसमें एक तरह से सुनिश्चित कर लें कि आप कितना रिस्क ले सकते हैं।

- ज्यादातर brokers आपको stop loss order का option देते हैं। इससे ये फायदा होता है कि जैसे ही शेयर के भाव में गिरावट आने लगती है तब आपका शेयर ऑटोमेटिकली आपके ब्रोकर के द्वारा एक निश्चित मूल्य (particular price) पर बेच दिया जाता है। इससे आप नुकसान उठाने से बच जाते हैं।
- किसी भी कंपनी के शेयर को खरीदने के पहले या शेयर बाजार में पैसे लगाने से पहले रिसर्च और गहरी प्लानिंग कीजिये। बाजार पर नजर रखिये, आप जिस कंपनी के शेयर को खरीदना चाहते हैं, उसके पिछले रिकाड्र्स को देखिये, उसके मैनेजमेंट को देखिये, भविष्य में होने वाले राजनीतिक और सामाजिक परिवर्तनों पर भी गौर कीजिये। बाजार के मंदी या तेजी को देखते रहिये।
- एक ही तरह के business में अपने सारे पैसे न लगायें। थोड़ा-थोड़ा करके आपको कई प्रकार की कंपनियों में अपने पैसे को लगाना चाहिये।

  यदि आप एक ही company में अपने कमाई के पैसे को invest करेंगे तो हो सकता है कि आपको कभी-कभी ज्यादा नुकसान या फिर ज्यादा लाभ हो जाये। ये कंपनी के profit and loss पर निर्भर करता है।
- निवेश करते समय ये ध्यान में रखें कि आप अपने बचत के अतिरिक्त पैसों को ही Stock Market में लगायें।
- पी/ई अनुपात यानी कि आपकी कितनी कमाई होगी। इस पर सबसे ज्यादा ध्यान देने की जरूरत होती है। P/E Ratio जानने के लिए आपको पहले EPS (Earning per Share) निकालना होगा। इसे नेट प्रॉफिट को शेयर्स की संख्या से भाग करके निकालते हैं।

  मान लीजिये कि एक कंपनी जिसका नाम AB है, के 1000 शेयर हैं और इसका नेट प्रोफिट 1 लाख है तो इस तरह से इसका एक शेयर पर कमाई यानी कि EPS 100 रुपए होगा।

  P/E निकालने के लिए Market Price को EPS से विभाजित (भाग) करते हैं। जैसे कि किसी कंपनी AB का मार्केट प्राइस 500 रुपए और ईपीएस 100 रुपए है तो उसका P/E 5 रूपए होगा।

- नुकसान होने का डर और शेयर के भाव बढ़ने के बाद उसे टारगेट प्राइस के बाद भी बढ़ने देने का लालच आपको जोखिम में डाल सकता है। अतः अपनी सूझ-बूझ से काम लें, लालच और डर से बिलकुल दूर रहें।
- यदि आप किसी financial planners से शेयर बाजार से संबंधित सलाह मांगेंगे तो सबसे पहले देंगे। शेयर की खरीद-बिक्री के दौरान आपको बिल्कुल time waste नहीं करना चाहिये।

  यदि आपका शेयर target price पर पहुँच गया है, तब उसे जल्दी से बेच दें। शेयर के भाव और बढ़ने का इंतजार न करें। और यदि आपके शेयर के भाव घट रहे हैं तब ये इन्तजार न करें कि कुछ समय बाद इसके भाव फिर बढ़ेंगे। ऐसा करने से नुकसान कम होता है।

8. वित्तीय ज्ञान की समझ

> सफलता पहले से की गयी तैयारी पर निर्भर है, और बिना ऐसी तैयारी के असफलता निश्चित है। **-कन्फ्यूशियस**

आज का समय उस खाती पूंजी का नहीं है जब लगाने में भी समय लगता था और उसके नुक्सान में भी समय लगता था। पहले पूंजी बुनियादी जरूरतों के लिए लगाई जाती थी। सड़क, बिजली, पानी या अन्य जमीनी कार्यों पर। जो पूंजी लगती थी वह दिखाई भी देती थी और बहुत लोग प्रत्यक्ष-अप्रत्यक्ष तौर पर लाभ प्राप्त करते थे। जैसे आपने अपनी पूंजी किसी स्कूल खोलने में लगायी। तो तुरंत लाभ नहीं मिलेगा लेकिन इस पूरी प्रक्रिया में बहुत श्रम लगता है और पूंजी का एक बड़ा हिस्सा आम आदमी तक पहुंचता है।

लेकिन शेयर बाजार में ऐसा नहीं है। यहाँ सीधे पूंजी लगाई जाती है। पूंजी लगते ही आपको तुरंत प्रतिक्रिया मिलनी शुरू हो जाती है, इसलिए यह वित्तीय पूंजी है, जो प्रोडक्ट में नहीं लगती और शेयर क्रेडिट कर अधिक पूंजी कमाई जाती है।

इसलिए इस अनोखे क्षेत्र मतलब वित्तीय क्षेत्र के ज्ञान का होना भी जरूरी है।

अनेक व्यापारियों (खुदरा और संस्थान दोनों) में शेयरों का व्यापार करने के कौशल और वित्तीय ज्ञान की समझ का अभाव होता है।

बाजार का चुनाव

निवेशक को तय करना होता है उसे कहाँ व्यापार करना है। क्या वह हाँगकाँग स्टॉक एक्सचेंज या लंदन स्टॉक एक्सचेंज जैसी वैश्विक एक्सचेंज हैं या अमेरिका में एनवाईएसई और नेस्डैक है या दुबई, मुंबई, शंघाई और

सिंगापुर जैसी क्षेत्रीय एक्सचेंज हैं? अधिकतर निवेशकों ने अपने स्थानीय एक्सचेंज से संबंध विकसित कर रखे हैं, क्योंकि वे वहां सूचीबद्ध हुई कंपनियों से परिचित हैं, बावजूद इसके कि वह सर्वश्रेष्ठ स्टॉक एक्सचेंज नहीं है। एक समझदार निवेशक बेशक सबसे ज्यादा व्यापारिक मात्रा और चल निधि से पूर्ण बाजार का चयन करेगा, जहां विश्व के सभी खिलाड़ी मौजूद हैं। एनवाईएसई और नेस्डैक की तुलना में ऐसा और कोई मौजूद नहीं है। व्यापार करने के किसी भी सामान्य दिन पर इन दोनों एक्सचेंजों में संयुक्त रूप से 150 अरब डॉलर का व्यापार किया जाता है। ऐसी मात्रा और तरलता दुनिया भर की स्टॉक एक्सचेंजों से बहुत ऊपर है। बहुत बड़ी व्यापारिक मात्रा और जोखिम लेने वाले निवेशकों की एक व्यापक श्रेणी के साथ, अक्सर फायदेमंद व्यापार करना आसान होता है।

क्षेत्र का चुनाव

निवेशक को विश्व के ताजा रुझानों पर स्वयं को शिक्षित कर बाद में बाजार के मौजूदा या आने वाले पसंदीदा व्यापार क्षेत्र की पहचान करनी होती है। वैश्विक महामारी के प्रकोप के कारण यह जैव प्रौद्योगिकी और दवा निगम भी हो सकते हैं। वैश्विक अर्थव्यवस्था में उछाल के चलते यह

ऊर्जा क्षेत्र हो सकता है। अन्य प्रमुख उत्पादक महाद्वीप/देश में खराब मौसम/महामारी के प्रकोप के परिणामस्वरूप वैश्विक उत्पादन में गिरावट के कारण यह किसी विशेष प्रकार का वस्तु क्षेत्र हो सकता है। सही क्षेत्र में शेयरों में व्यापार करने से जरूरी नहीं है कि फायदा होगा, लेकिन ऐसा जरूर हो सकता है कि कम से कम कुछ समय के लिए उन शेयरों का मूल्य बढ़ जाए। अधूरी जानकारी रखने वाला या अज्ञानी निवेशक शायद गलत शेयर खरीद बैठे क्योंकि बाकी सभी उन शेयरों को बेच रहे हैं और "लोकप्रिय" क्षेत्र की ओर बढ़ रहे हैं।

शेयर का चुनाव

ऐसे कई विश्लेषणात्मक उपकरण हैं जिनका उपयोग किसी खास शेयर को खरीदने/व्यापार करने पर निर्णय लेने के लिए किया जा सकता है। समर्थन स्तर, प्रतिरोध स्तर, चलायमान औसत, मूल, मूल्य/कमाई (पी/ई) अनुपात, ज़्यादा बिक्री या कम कीमत के परिदृश्य जैसे बुनियादी ज्ञान पर हर समय विचार किया जाना चाहिए। निवेशक "लोकप्रिय" शेयरों में व्यापार करने का रुख करते हैं, क्योंकि वे दिन के सक्रिय व्यापार वाले शीर्ष 10 शेयरों में से एक है, बिना उसके पीछे के असली कारण को जाने। कुछ निवेशक अंत में शीर्ष 10 सबसे नुकसान देने वाले शेयर खरीद बैठते हैं, इस उम्मीद के साथ कि वह अगले दिन दोबारा ऊपर उठ जाएंगे। सभी प्रकार के तर्कहीन व्यापार से अंततः बड़े नुकसान होते हैं।

केवल उन्हीं कंपनियों में निवेश करें जिन्हें आप जानते हैं और विश्वास करते हैं।

रणनीति का चुनाव

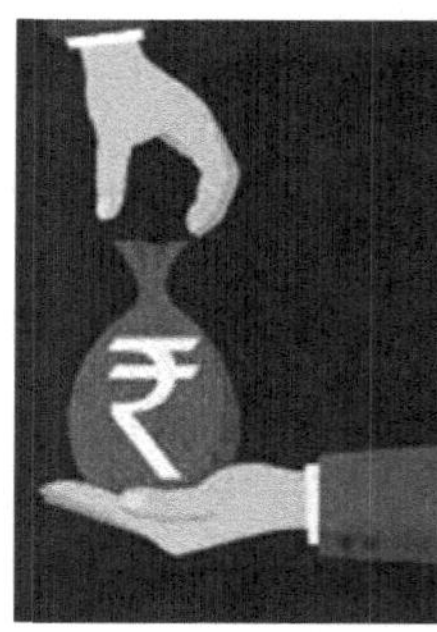

हर शेयर की अपनी विशेषता होती है। कुछ लोग इसे शेयर का डीएनए कहते हैं। कुछ शेयर लाभांश गिरने से पहले हमेशा ऊपर उठते हैं। कुछ शेयर उनके नए उत्पादों की शुरुआत से पहले ऊपर उठते हैं। कुछ शेयर वर्ष के कुछ निश्चित महीनों में ऊपर उठते हैं। कुछ शीर्ष प्रबंधनों का इतिहास रहा है कि वे अपने शेयरधारकों को खुश करने के लिए शेयरधारकों की

वार्षिक आम बैठक (एजीएम) के आयोजन से पहले अपने शेयर के मूल्य को बढ़ाने के लिए शेयर वापस खरीदने (शेयरों की पुनर्खरीद) की योजना को आरंभ करते हैं। कुछ शेयर किसी विशेष रुझान का अनुसरण नहीं करते हैं। किसी भी निवेशक को व्यापार करने से पहले किसी विशेष शेयर का पूरी तरह से अध्ययन करना चाहिए, जैसा खासकर 9/10 के खुदरा निवेशकों ने नहीं किया था।

समय सब कुछ होता है। कुछ भी नहीं करना सीखें। कुछ भी नहीं करना ही अक्सर सही चीज होती है।

९. गलत पद्धति का बहिष्कार

> एक विचार लो। उस विचार को अपना जीवन बना लो, उसके बारे में सोचो, उसके सपने देखो, उस विचार को जियो। अपने मस्तिष्क, मांसपेशियों, नसों, शरीर के हर हिस्से को उस विचार में डूब जाने दो, और बाकी सभी विचार को किनारे रख दो। यही सफल होने का तरीका है। **–स्वामी विवेकानंद**

निवेश का मतलब होता है उस क्षण को चुनना जब चीजें ऊपर की ओर उठती हैं।

दलाल फर्मों और बैंकों जैसे वित्तीय संस्थानों ने एक ऐसी प्रणाली तैयार कर रखी है, अधिकतर व्यापारी अंततः पैसा गंवा देते हैं।

शेयरों में व्यापार करने के तीन सबसे आम तरीके:

- फायदा नहीं उठाना
- अपने चुने हुए शेयर खरीदें और पूरा भुगतान करें। मूल्य ऊपर जाने की प्रतीक्षा करें, फायदे पर बेचें और पूरी प्रक्रिया को दोबारा दोहराएं। एक बार गलत शेयर चुनने पर, आपकी पूंजी एक लंबे समय के लिए अटक जाएगी। यह तथ्य कि आपको फायदा नहीं दिया जा रहा है, बताता है कि आपके जोखिम को फैलाने के लिए, एक बड़ा पोर्टफोलियो बनाने के लिए आपके पास सीमित वित्तीय संसाधन हैं।
- कई निवेशक फायदा देने वाले शेयर बेच देते हैं और नुकसान देने वाले शेयरों को रखते हैं। तथ्य यही है कि अच्छी कंपनी के शेयर का मूल्य बढ़ता रहेगा जबकि खराब कंपनी का मूल्य घटता ही

रहेगा। अंततः इस प्रकार के निवेशकों ने एक बहुत बड़ी बढ़त के अवसर को छोड़ दिया और ऐसे शेयर खरीद लिए जिनका कोई भविष्य नहीं है।

एक मार्जिन खाते में X रकम जमा करें और 3–10 गुना फायदा पाएं

शेयरों का एक उचित पोर्टफोलियो बनाने में सक्षम हों। मार्जिन खाते पर लिया जाने वाला ब्याज बहुत ज्यादा होता है। दलाल प्रायः प्रतिस्पर्धी सीमांत दर उपलब्ध कराते हैं, लेकिन स्टॉक मूल्य के एक बार गिरने और धन के बाजार के संकुचित होने पर, ये सीमांत दरें आकाशों की ऊंचाइयों को छू सकती हैं, क्योंकि सीमांत दर की गणना सीधे-सीधे कभी नहीं की जाती।

फायदा एक दो धारी तलवार होती है। अच्छे समय के दौरान, एक व्यापारी बहुत सारा फायदा कमा सकता है। बुरे समय के दौरान, व्यापारी को ज्यादा मार्जिन दर और पोर्टफोलियो के कम मूल्यांकन के साथ बहुत सारी पूंजी का नुकसान हो सकता है; मार्जिन व्यापार एक बहुत जोखिम भरा व्यवसाय होता है।

मार्जिन ब्याज और नुकसान की क्षतिपूर्ति के लिए, निवेशक एक ऐसे चमत्कार की आशा में सस्ते शेयर खरीदते हैं जो कभी नहीं होता।

ज्यादातर मार्जिन खाते अंततः भारी नुकसान के साथ बंद हो जाते हैं और यदि मूल रकम क्रेडिट कार्ड के साथ जुड़ी हुई हो; ऐसे नुकसान की भरपाई में निवेशक को वर्षों लग सकते हैं।

10. बाजार की दिशा

> सफलता कभी अंतिम नहीं होती, विफलता कभी घातक नहीं होती, जो मायने रखता है वो है साहस। **-जॉन वुडेन**

अंतर (सीएफडी) ट्रेडिंग के लिए अनुबंध करें। पिछले कुछ वर्षों से शेयर और विदेशी मुद्रा व्यापार के लिए सीएफडी बहुत लोकप्रिय हो रही है।

फायदा बहुत ज्यादा होता है, यहाँ तक कि खाता राशि से 50 गुना तक हो सकता है।

सीएफडी व्यापार में, निवेशक वास्तव में कोई विशेष शेयर नहीं खरीदता है। असल में, वह एक शर्त लगाता/लगाती है, यदि मूल्य ऊपर जाएगा या नीचे, यदि उसका अनुमान सही होता है, तो वह पैसा कमाता/कमाती है अन्यथा नहीं।

यूनाइटेड किंगडम में, इसे स्प्रेड बेटिंग के नाम से भी जाना जाता है और असल में यह जुए का एक रूप होता है।

यह बहुत जोखिम से भरा व्यापार है, क्योंकि इसमें निवेश के मुकाबले जुए के गुण ज्यादा होते हैं।

अनेक धार्मिक विद्वानों ने सीएफडी ट्रेडिंग को अधर्मी माना है।

बाजार में उथल-पुथल के दौरान, सीएफडी व्यापारी उनकी पोजीशन को क्लोज नहीं कर पाएंगे, क्योंकि चल निधि प्रदाता बाजार मूल्य पर खुला व्यापार करने पर राजी नहीं होंगे। यदि वे राजी हो भी जाएं, स्प्रेड या क्लोज मूल्य खाता धारक/व्यापारी को बहुत नुकसान पहुंचाएगा।

दरअसल, ज्यादातर निवेशक जो सीएफडी व्यापार करते हैं कुछ ही समय में अपनी सारी पूंजी खो देते हैं।

जैसा कि हमने बताया, शेयर ट्रेडिंग का सिद्धांत सरल है। कम में

खरीदना और ज्यादा में बेचना। हालांकि, शेयर व्यापार सीधे-सादे लोगों का बाजार नहीं होता। हर समय कोई न कोई चालाकी और अटकल लगाई जा रही होती है। सही तथ्य, अफवाहें और झूठ सभी आपस में मिले हुए होते हैं, और निवेशक के पास सभी उपलब्ध जानकारी और आंकड़ों की व्याख्या करने का कौशल, ज्ञान और अनुभव होना चाहिए। यहाँ तक कि, संस्थागत खिलाड़ी भी एक दूसरे से पैसा जीतने के तरीके हमेशा ढूंढते रहते हैं और खुदरा खिलाड़ियों के पास खुद को कायम रखने का मौका भी नहीं होता, फायदा कमाना तो दूर की बात है।

शेयर बाजार के एक अच्छे व्यापारी में शर्तिया जीत जैसी कोई चीज नहीं होती, लेकिन उन लोगों के लिए सफलता के लिए जीत का एक फॉर्मूला होता है जो सीखना और उसका अभ्यास करते रहना चाहते हों। यह तब सम्भव हो सकता है जब आप अपने बाजार पर पूरा ध्यान केन्द्रित कर पा रहे हों।

11. वित्तीय परिणामों से कैसे निपटें

> अधिकतर महान लोगों ने अपनी सबसे बड़ी सफलता अपनी सबसे बड़ी विफलता के एक कदम आगे हासिल की है।
>
> **-नेपोलियन हिल**

शेयर बाजार जोखिमों के अधीन काम करता है, यह डायलॉग आप लगातार सुनते रहे होंगे। यह जितना सच है उतना ही मिथक भी है। आप देखेंगे कि व्यापार का कोई भी क्षेत्र हो उसमें जोखिम होता ही है। चूँकि शेयर बाजार में मुनाफा अधिक है इस लिए जोखिम भी ज्यादा है। यदि निवेशक वितीय परिणामों का मूल्यांकन अच्छी तरह से कर ले तो वह तमाम जोखिमों से बच सकता है।

कंपनी के वित्तीय विश्लेषण का प्राथमिक कार्य प्रबंधक द्वारा संचालन के परिणामों का उद्देश्यपूर्वक मूल्यांकन करना और व्यवसाय में संभावित समस्याओं की पहचान करना है। ऐसा करने के लिए, आपको कथनों को पढ़ने और उसके आधार पर उचित निष्कर्ष निकालने में सक्षम होना चाहिए। फिर रिपोर्टिंग परिणामों को, प्रबंधन निर्णयों को समायोजित करने के लिए कंपनी के शीर्ष प्रबंधन या शेयरधारकों को प्रस्तुत करना आवश्यक है।

- विश्लेषण और अध्ययन के लिए कंपनी के वित्तीय विवरण तैयार करें। इसमें एक आय विवरण, एक बैलेंस शीट, एक नकदी प्रवाह विवरण, एक व्याख्यात्मक नोट शामिल है।
- संकेतकों की एक सूची विकसित करें जो उद्यम की प्रभावशीलता का आंकलन करने और कंपनी में वास्तविक स्थिति को दर्शाते हुए जानकारी का एक सुविधाजनक रूप चुनने में मदद करेगी।
- एक सारांश रिपोर्ट बनाने के लिए कंपनी के वित्तीय और आर्थिक विभाग को चार्ज करें, जो निम्नलिखित प्रश्नों का उत्तर दे:- कंपनी

की वित्तीय स्थिति में परिवर्तन को सुलभ और दृश्य रूप में कैसे प्रतिबिंबित करें? कंपनी की पूरी तस्वीर को प्रतिबिंबित करने के लिए सूची में कौन से संकेतक शामिल किए जाने चाहिए? जो बेहतर के लिए स्थिति को बदलने में मदद करेगा।

- एक "क्षैतिज" संतुलन विश्लेषण करें। ऐसा करने के लिए, पिछले अवधि के आंकड़ों के साथ परिसंपत्ति और देयता संतुलन के प्रत्येक अनुभाग के संकेतकों की तुलना करें। व्यय का निर्धारण करें कि कंपनी के देनदारियों के किस हिस्से ने अपनी संपत्ति बनाई।
- कुल खंड में प्रत्येक बैलेंस शीट आइटम के क्रमिक रूप से विशिष्ट वजन का निर्धारण करते हुए, तथाकथित "ऊर्ध्वाधर" विश्लेषण करें। कंपनी की साख का आंकलन करने के लिए उधार और खुद के फंड के अनुपात की गणना करें।
- बैलेंस शीट आइटम की गतिशीलता के आधार पर, अगली अवधि के लिए प्रदर्शन में सुधार करने की योजना की रूपरेखा तैयार करें। कार्यशील पूंजी में वृद्धि, देय खातों का पुनर्भुगतान, कच्चे माल और सामग्रियों के शेयरों में वृद्धि, इत्यादि जैसे आइटम शामिल करें।
- कंपनी की लाभप्रदता का अनुमान लगाएं। बिक्री की लाभप्रदता के विचार में शामिल करें, बिक्री से बिक्री के लाभ के अनुपात के रूप में परिभाषित किया गया है जो बेची गई वस्तुओं की लागत है।
- इक्विटी पर अपनी वापसी की गणना करें। इसके लिए बैलेंस शीट के तीसरे खंड का उपयोग करें, अर्थात्, कंपनी के स्वयं के निधियों को शुद्ध लाभ के अनुपात पर डेटा। इस रिपोर्टिंग इकाई की आवश्यकता है, सबसे पहले, कंपनी के मालिकों को व्यापार में निवेश किए गए धन पर प्राप्त आय का निर्धारण करने के लिए।
- तरलता अनुपात का विश्लेषण करें। यह विशेषता कंपनी की सॉल्वेंसी के स्तर और उसकी अल्पकालिक देनदारियों को निपटाने की क्षमता को निर्धारित करती है। वर्तमान तरलता अनुपात की गणना अल्पकालिक देनदारियों के लिए वर्तमान संपत्ति के अनुपात के रूप में की जाती है।

- वित्तीय संकेतकों को पढ़ने के परिणामों के आधार पर, उपायों का एक सेट विकसित करें जो व्यापार में कमजोरियों को खत्म करेगा। कमोडिटी लोन और अतिदेय भुगतानों के समय पर नजर रखने के मामले में कमी को शेड्यूल करें, और प्रीपेमेंट्स का उपयोग करके डिलीवरी पर स्विच करने पर भी विचार करें। नियोजित गतिविधियों के कार्यान्वयन के लिए जिम्मेदार व्यक्तियों को नामित करें, निगरानी प्रणाली के माध्यम से उचित समय सीमा और सोच स्थापित करें।

उपरोक्त तथ्यों के अवलोकन के बाद कोई भी निवेशक अपने जोखिम को कम से कम कर सकता है। यह तभी संभव हो सकता है जब उसकी निगाह वित्तीय परिणामों को लेकर हमेशा सचेत रहेगी। साथी संगी या सामूहिक विमर्श भी वित्तीय परिणामों को दूर करने में निवेशक की काफी मदद करते हैं।

12. शेयर खरीदते समय ध्यान दें

> धैर्य के माध्यम से कई लोग उन परिस्थितियों में भी सफल हो जाते हैं जो कि एक निश्चित अफलता जान पड़ती है।
> **-बेंजामिन डीज़्रैली**

जैसा कि हमने पिछले कई पथों में जिक्र किया है कि एक निवेशक अपने शेयर से क्या चाहता है। जाहिर है वह अधिक से अधिक मुनाफा चाहता है। यदि निवेशक मुनाफा चाहता है तो उसको शेयर खरीदते समय कुछ महत्वपूर्ण बातों का भी ध्यान रखना पड़ेगा।

शेयर बाजार में निवेश से सम्बन्धित हम कई बातें कर चुके हैं। उम्मीद है अब तक आपको अपने कई सवालों के जवाब मिले होंगे। अगर फिर भी आपके जेहन में कुछ सवाल उठ रहे हों तो एक्सपर्ट या किसी सफल निवेशक से जानकारी हासिल कर सकते हैं, उसके लिए किसी भी बात के लिए शर्माने की जरूरत नहीं है, क्योंकि ये आपके जीवन की मेहनत से कमाई गयी पूंजी का सवाल है जिसे आपको हर संभव कोशिश कर बचाना है।

किसी भी कंपनी के शेयर को खरीदते वक्त कौन-कौन सी, किन बातों का ख्याल रखें, उसके बारे में कुछ बातों का ख्याल रखना बहुत जरूरी है।

स्टॉक एनालिसिस

स्टॉक एनालिसिस के 2 तरीके होते हैं, एक फंडामेंटल एनालिसिस और दूसरा टेक्निकल एनालिसिस। कंपनी के ट्रैक रिकॉर्ड के आधार पर भविष्य का अनुमान फंडामेंटल एनालिसिस के जरिए होता है। फंडामेंटल एनालिसिस में कंपनी के फाइनेंशियल के आधार पर शेयर के आगे के परफॉर्मेंस का अंदाजा लगाया जाता है। वहीं टेक्निकल एनालिसिस में कंपनी

के फाइनेंशियल्स से कोई लेना-देना नहीं होता है। टेक्निकल एनालिसिस में शेयर के परफॉर्मेंस के आधार पर उसकी आगे की चाल का अनुमान लगाया जाता है। टेक्निकल एनालिसिस में शेयर परफॉर्मेंस और उसके वॉल्यूम का एनालिसिस किया जाता है।

फंडामेंटल एनालिसिस

फंडामेंटल एनालिसिस के भी 2 तरीके होते हैं पहला टॉप-डाउन अप्रोच और दूसरा बॉटम-अप अप्रोच। टॉप डाउन अप्रोच में देश की इकोनॉमी की हालत देखी जाती है। अलग-अलग सेक्टर की स्थिति का एनालिसिस किया जाता है। खास सेक्टर की अलग-अलग कंपनियों की हालत देखी जाती है और फिर किसी एक कंपनी का चुनाव किया जाता है। इसमें चुनी गई कंपनी का कारोबार और उसके फाइनेंशियल्स का एनालिसिस किया जाता है।

बॉटम-अप एप्रोच में किसी एक कंपनी का चुनाव किया जाता है और उस कंपनी के कारोबार और फाइनेंशियल्स का एनालिसिस किया जाता है। सेक्टर की हालत देखी जाती है और देश की इकोनॉमी का विश्लेषण किया जाता है। आखिर में ग्लोबल इकोनॉमी को देखा जाता है। अगर देश में ही निवेश करना है तो फंडामेंटल एनालिसिस में बॉटम-अप एप्रोच बेहतर होता है। और अगर विदेशी बाजार में निवेश करना है तो टॉप-डाउन एप्रोच ठीक रहता है।

देशी निवेशकों को कंपनियों के परफॉर्मेंस पर ही ध्यान देना चाहिए। कंपनियों के प्रॉफिट, मार्जिन, सेल्स और तिमाही नतीजों के आधार पर अनुमान लगाना चाहिए। कंपनियों के फाइनेंशियल डाटा एक्सचेंज की साइट्स पर मिल जाते हैं।

प्रोजेक्शन

कंपनी की बैलेंसशीट, प्रॉफिट और लॉस अकाउंट, कैश-फ्लो के आधार पर आगे के अनुमान को प्रोजेक्शन कहते हैं। प्रोजेक्शन के लिए कैश फ्लो जानना जरूरी है। अगर बैलेंसशीट में कैश फ्लो दिखता है तो उस कंपनी के फंडामेंटल अच्छे माने जा सकते हैं। एक ही सेक्टर कंपनियों के बीच तुलना में उनका साइज जानना जरूरी है। तुलना तिमाही दर तिमाही और साल दर साल होनी चाहिए।

बैलेंस शीट

बैलेंस शीट किसी एक खास दिन के लिए तैयार की जाती है। बैलेंस शीट में बायीं ओर लायबिलिटी और दायीं ओर एसेट्स का कॉलम होता है। लायबिलिटी में शेयर कैपिटल, रिजर्व सरप्लस, करेंट लायबिलिटी और लॉन्ग टर्म लायबिलिटी शामिल होते हैं। एसेट्स में फिक्स एसेट, करेंट एसेट, प्रॉफिट और लॉस शामिल होते हैं। बैलेंस शीट से कंपनी की हालत का पता चलता है। प्रॉफिट और लॉस में एक तरफ खर्च और दूसरी ओर इनकम दर्ज होती है। तो कैश फ्लो कंपनी में कैश की आवाजाही की स्थिति बताता है। कैश फ्लो में देखना चाहिए कि कंपनी के देनदार कितने वक्त में पैसा लौटा रहे हैं।

रेशियो किसी भी कंपनी की तुलना करने का एक तरीका है। रेशियो कई तरह के होते हैं।

ऑपरेटिंग-प्रॉफिट

कंपनी के बेसिक कामकाज की स्थिति को ऑपरेटिंग प्रॉफिट से समझ सकते हैं। ऑपरेटिंग प्रॉफिट को सेल्स से डिवाइड करने पर ऑपरेटिंग प्रॉफिट रेशियो निकलता है। ट्रेडिंग वाली कंपनियों का ऑपरेटिंग-प्रॉफिट रेशियो कम होता है। मैन्यूफेक्चरिंग कंपनियों का ऑपरेटिंग-प्रॉफिट रेशियो ज्यादा होता है। ज्यादा ऑपरेटिंग-प्रॉफिट रेशियो कंपनी की अपने कारोबार पर पकड़ को दिखाता है।

नेट-प्रॉफिट

प्रॉफिट-लॉस अकाउंट में नेट-प्रॉफिट को सेल्स से डिवाइड करके ये रेशियो निकलता है। टैक्स, ब्याज और डेप्रिसिएशन को घटाकर नेट-प्रॉफिट आता है।

डेट-टू-इक्विटी

डेट को इक्विटी से डिवाइड करने पर ये रेशियो निकलता है। ज्यादा डेट-इक्विटी रेशियो खराब माना जाता है।

इंट्रेस्ट सर्विस

ब्याज की रकम मुकाबले कमाई को इंटरेस्ट सर्विस कवरेज रेश्यो कहते

हैं। कर्ज पर ब्याज चुकाने की क्षमता कितनी है, ये इंटरेस्ट सर्विस रेश्यो बताता है। जितना कवरेज रेश्यो ज्यादा होगा, कंपनी उतनी अच्छी होगी।

ईपीएस

ईपीएस, अर्निंग पर शेयर यानी प्रति शेयर आय को कहते हैं। किसी कंपनी के नेट प्रॉफिट को उसके शेयरों की संख्या से डिवाइड करके ईपीएस निकाला जाता है। ईपीएस से किसी कंपनी की प्रति शेयर कमाई का पता चलता है

पी/ई रेश्यो किसे कहते हैं?

शेयर के बाजार भाव के मुकाबले प्रति शेयर आय को पी/ई रेश्यो कहा जाता है। हर शेयर का पी/ई रेश्यो अलग-अलग होता है। ज्यादा पी/ई रेश्यो वाले शेयर पर बाजार का भरोसा ज्यादा होता है। कमोडिटी वाली कंपनियों का पी/ई रेश्यो कम होता है। आईटी और हाई ग्रोथ वाली कंपनियों के शेयर का पी/ई रेश्यो ज्यादा होता है। ज्यादा पी/ई रेश्यो वाले शेयर महंगे होते हैं। कम पी/ई रेश्यो वाले शेयर सस्ते होते हैं।

बुक वैल्यू

पिछले परफॉर्मेंस के आधार पर कंपनी की मौजूदा वैल्यू, बुक वैल्यू कहलाती है। बुक वैल्यू में पुराने एसेट्स भी शामिल होते हैं। कई निवेशक बुक वैल्यू के आधार पर ही शेयर खरीदते हैं। बैंकिंग शेयरों का भाव अक्सर बुक वैल्यू से तय होता है। शेयर की मार्केट प्राइस को बुक वैल्यू से डिवाइड करके प्राइस टू बुक वैल्यू निकलती हैं।

डिविडेंड यील्ड

आम निवेशक की कमाई शेयर के दाम बढ़ने और डिविडेंड से होती है। डिविडेंड कंपनी के परफॉर्मेंस को दिखाता है। डिविडेंड को शेयर के बाजार भाव से डिवाइड करके डिविडेंड यील्ड निकलता है। नियमित तौर पर 4-5 फीसदी सालाना डिविडेंड देने वाली कंपनी अच्छी मानी जाती है।

बुक बिल्डिंग प्रोसेस

किसी भी कंपनी की लिस्टिंग या डीलिस्टिंग बुक बिल्डिंग प्रोसेस से ही

होती है। शेयर लिस्टिंग के वक्त उसका एक प्राइस बैंड तय होता है। बुक बिल्डिंग प्रोसेस में लोग अलग-अलग प्राइस पर शेयर एप्लीकेशन लगाते हैं। डीलिस्टिंग के वक्त भी शेयर टेंडर करने की एक प्राइस तय की जाती है

पेड-अप कैपिटल

शेयरों के जरिए जो पैसा कंपनी के पास जमा होता है उसे पेड-अप कैपिटल कहा जाता है।

13. शेयर बाजार को प्रभावित करने वाले प्रमुख कारक

> असफलता का ये मतलब नहीं है कि आप असफल हैं इसका बस ये मतलब है कि आप अभी तक सफल नहीं हुए हैं।
> **-रोबेर्ट एच. स्कूलर**

शेयर बाजार को प्रभावित करने वाले कारक सिर्फ अर्थिक ही नहीं, बल्कि सामाजिक, राजनीतिक यहाँ तक कि कभी-कभी प्राकृतिक कारण भी शेयर बाजार के रुख को बदल देता है। अफवाह भी हवा की गति से काम करती है। कभी-कभी अंतर्राष्ट्रीय सम्बन्ध भी बाजार को बहुत हद तक प्रभावित करता है। इसलिए समय-समय पर इन करों का विश्लेषण भी निवेशकों को करते रहना पड़ेगा।

शेयर बाजार को प्रभावित करने वाले विशिष्ट कारकों की पहचान करना मुश्किल है। शेयर बाजार बड़े और छोटे निवेशकों के एक जटिल, अंत: संबद्ध प्रणाली है, जो कि एक विशाल विविधता के निवेश के बारे में बेहिचक निर्णय लेते हैं। "बाजार", ऐसा करने के लिए, यह एक जीवित इकाई नहीं है, बल्कि यह सामूहिक मूल्यों का समुच्चय जैसा है। व्यक्तिगत कंपनियों के बुनियादी आर्थिक सिद्धांत हैं जो किसी भी ऊपर और नीचे बाजार आंदोलनों और अनुभव तथा डेटा के साथ समझाने में मदद कर सकते हैं, बाजार विशेषज्ञों ने महत्वपूर्ण होने के रूप में पहचान की है जो अधिक विशिष्ट संकेतक हैं।

बाजार की अर्थव्यवस्था में, किसी भी मूल्य आंदोलन को अस्थायी अंतर से समझाया जा सकता है जो प्रदाताओं की आपूर्ति कर रहे हैं और

उपभोक्ता क्या मांग कर रहे हैं। यही कारण है कि अर्थशास्त्री कहते हैं कि बाजार "संतुलन" की ओर देखते हैं, जहां आपूर्ति, मांग के बराबर होती है। यह स्टॉक के साथ काम करता है; आपूर्ति शेयरों की वह राशि होती है जो लोग बेचना चाहते हैं और मांग शेयरों की वह राशि होती है जो लोग खरीदना चाहते हैं।

अगर विक्रेताओं की तुलना में अधिक खरीदार हैं (अधिक मांग), तो खरीदार इन शेयरों की कीमतों को बेचते हैं ताकि वे उन्हें छुटकारा पाने के लिए विक्रेताओं को लुभाने लगती है। इसके विपरीत, एक बड़ी संख्या में विक्रेताओं शेयरों की कीमत नीचे बोली लगाने के लिए खरीददारों को खरीदने के लिए लुभाने की उम्मीद की जाती है।

व्यक्तिगत रूप से, सुरक्षा उपकरण जैसे स्टॉक और बॉन्ड जारी करने वाले इकाई के प्रदर्शन पर निर्भर होते हैं और संभावना है कि भविष्य की कीमत (शेयर) में अधिक मूल्य की जाएगी या अपने कर्ज चुकाने में सक्षम होगा।

व्यापक रूप से स्वीकार किए गए बाजार संकेतक यह एक नया प्रश्न पूछता है: क्या अधिक खरीदार या अधिक विक्रेता बनाता है?

भविष्य में निवेश की स्थिरता में विश्वास बाजारों में बढ़ोतरी या नीचे जाने में बड़ी भूमिका निभाता है। निवेशक स्टॉक खरीदने की अधिक संभावना रखते हैं यदि उन्हें यकीन है कि भविष्य में उनके शेयर मूल्य में बढ़ोतरी करेंगे। अगर, हालांकि, विश्वास करने का कारण है कि शेयर खराब प्रदर्शन करेंगे, अक्सर अधिक निवेशकों को खरीदने के बजाय बेचने की तलाश होती है। निवेशकों के आत्मविश्वास को प्रभावित करने वाली घटनाओं में शामिल हैं:

- युद्ध या अन्य संघर्ष
- मुद्रास्फीति या अपस्फीति पर चिंताएं
- सरकारी राजकोषीय और मौद्रिक नीति
- तकनीकी परिवर्तन
- प्राकृतिक आपदाएं
- चरम मौसम में उतार-चढ़ाव
- कॉर्पोरेट या सरकारी प्रदर्शन डेटा

उदाहरण के लिए इतिहास में एक दिन में सबसे बड़ी कमी 2001 को हुई। इस कदम के लिए बड़े पैमाने पर संयुक्त राज्य अमेरिका में 11 सितंबर के आतंकवादी हमलों के कारण को जिम्मेदार ठहराया गया था, जिससे भविष्य के बारे में अनिश्चितता पैदा हुई है। इसलिए, खरीदारों की तुलना में बाजार में कई और अधिक विक्रेता थे।

किसी भी स्टॉक या बॉन्ड के मूल्यांकन में ब्याज दरें भी एक प्रमुख भूमिका निभाती हैं। इसके लिए कई कारण हैं, और कुछ बहस है जिसके बारे में सबसे महत्वपूर्ण है। सबसे पहले, ब्याज दरें प्रभावित करती हैं कि निवेशकों, बैंकों, व्यवसायों और सरकारों को कितना उधार लेना है, इसलिए इससे प्रभावित होता है कि अर्थव्यवस्था में कितना पैसा खर्च होता है। इसके अतिरिक्त, ब्याज दरों में बढ़ोतरी शेयरों के लिए एक अधिक आकर्षक विकल्प बनाती है, विशेषकर यू.एस. कोषागारों में कुछ "सुरक्षित" निवेश करते हैं।

पाठकों को एक बात जरुरी समझने की है कि शेयर बाजार एक जुए की तरह है। जिसमें पल प्रतिपल सट्टे की तरह व्यापार होता है। सारा कारोबार सट्टे जैसा ही होता है। बल्कि यह उससे भी आगे का जोखिम भी

कभी-कभी साबित हो जाता है। क्योंकि यहाँ पर कोई प्रोडक्ट नहीं बनता। एक उदाहरण से आप समझ सकते हैं।

एक किसान के पास दो बीघे का खेत है। उसने अपनी फसल का बंद किसी कम्पनी को बेच दिया है। कम्पनी उस बंद को लेकर शेयर बाजार में आती है कि एक किसान के दो बीघे के खेत में धान लगेगा। जिसमें 10 टन गेहूं पैदा होने की संभावना है। और इस भविष्य की फसल पर शेयर खरीदे और बेचे जाते हैं। यदि इसमें मौसम व्यवधान डालता है तो इस क्षेत्र का बाजार भी प्रभावित होता है। इसीलिए प्रत्येक निवेशक को यह जानना जरुरी है कि किन-किन कारणों से शेयर बाजार प्रभावित होता है।

14. बुल और बेयर

> मेरा मानना है कि सफलता का कोई नियम नहीं है, लेकिन आप असफलता से बहुत कुछ सीख सकते हैं। **–जीन केर्र**

शेयर बाजार में बुल और बेयर का मतलब क्या हैं? निवेशकों को यह समझने की जरूरत है कि इन शब्दों का प्रयोग क्यों किया जाता है। शेयर बाजार में बैल और भालू का क्या सम्बन्ध है? क्यों शेयर बाजार में बुल और बेयर को भी चित्रित किया जाता है?

शेयर बाजार की अपनी एक भाषा होती है। जो लोग यह सोचते हैं कि बाजार तेजी के रुख में रहेगा तो लाभ की आशा में वे और शेयर खरीदना चाहते हैं इसीलिये उन्हें तेजड़िये कहते हैं। जो सोचते हैं कि बाजार में कीमतें गिरेंगी वे शेयरों को बेचना चाहते हैं तो उन्हें कहते हैं मदड़िये। इन्हीं तेजड़ियों को बाजार में बुल्स यानी बैल कहा जाता है तथा मंदड़ियों को बियर यानी भालू।

इसी लिये जब भी बाजार में तेजी आती है तो अगले दिन सेंसेक्स के ग्राफ के साथ बैल को चित्रित किया जाता है और जब बाजार तेजी से गिरते हैं तो भालू का चित्र दिखाया जाता है। शेयर बाजार का सारा खेल शेयर खरीदने और बेचने वालों के बीच ही होता है। खरीदने वाला बुल यानी बैल और बेचने वाला बेयर यानी भालू। तो यह होता है शेयर बाजार में बुल और बेयर का मतलब।

मान्यता है कि यह नाम इन जानवरों के हमला करने के तरीके से पड़ा। जब भी बैल हमला करता है तो अपने शिकार को नीचे से उठा कर उछाल देता है जबकि भालू अपने शिकार को हमेशा पंजों से नीचे की ओर दबाता है। कुछ ऐसा ही व्यवहार बाजार में तेजड़िए और मदड़िये भी करते हैं। इसीलिए इन जानवरों से बाजार के इन खिलाड़ियों की पहचान बनी।

जब शेयर बाजार में तेजी होती है और बाजार के सूचकांक ऊपर जा रहे होते हैं तो उसे बुल्लिश मार्किट कहते हैं। जब बाजार के सूचकांक गिर रहे होतें हैं तो उसे बेयरिश मार्किट कहते हैं। भारत के शेयर बाजारों में मुख्यत: दो सूचकांक हैं, सेंसेक्स और निफ्टी। बैल जहां शक्ति का प्रतीक है वहीं लापरवाही का भी प्रतीक है। बुल्लिश मार्किट में कमजोर शेयर भी अनाप-शनाप में ऊंची-ऊंची कीमतों तक पहुँच जाते हैं। बाजार में ऐसा माहौल बन जाता है कि कई घटिया शेयर भी बहुत महंगे हो जाते हैं। बाजार में नए-नए निवेशक पहुँच जाते हैं।

इसके विपरीत बेयरिश मार्किट में हर तरफ खामोशी और निराशा छा जाती है। बड़ी-बड़ी कंपनियों के शेयर औंधे मुंह गिरे होते हैं, मगर कोई उन्हें पूछता भी नहीं है। निराशा के कारण कोई खरीददार नहीं मिलता। बाजार से निवेशक गायब हो जाते हैं।

15. बुल-बीयर मार्केट

> थोड़ी-सी और दृढ़ता, थोड़ा-सा और प्रयास, और जो एक निराशाजनक असफलता दिख रही थी वह एक शानदार सफलता में बदल सकती है। **-ऐल्बर्ट हब्बार्ड**

पिछले अध्याय में आपने जाना कि बुल और बियर क्या है? शेयर बाजार में उनको क्यों इस नाम से पुकारा है। लेकिन यह एक पूरी मार्किट है, जिसे हमें समझना पड़ेगा। यह बाजार को बहुत हद तक प्रभावित करने में सफल रहता है।

बहुत सारे लोग इस मार्केट के बारे में कम जानकारी होने की वजह से मार्केट से दूर भी हुए हैं। क्योंकि यह बहुत जटिल प्रक्रिया है। यदि एक बार निवेशक इसको समझ गये तो अपने जोखिम से कम और अधिक से अधिक मुनाफा कमा सकते हैं। आप भी बाजार से रिटर्न कमा सकें, इसी उद्देश्य को पूरा करने के लिए इस मार्केट की बारीकियों को आपके सामने रख रहे हैं।

जैसा कि एक आम धारणा है कि गिरावट में पैसा लगाना सबसे फायदेमंद होता है, गिरावट में क्वालिटी शेयर सस्ते में मिल जाते हैं। तेजी में शेयर बेचें, क्योंकि तेजी में शेयर महंगे हो जाते हैं। जिसका फायदा मिल सकता है। अगर आप बाजार में ज्यादा जोखिम नहीं उठाना चाहते तो जोखिम से बचने के लिए एसआईपी यानी सिस्टेमैटिक इन्वेस्टमेंट प्लान के जरिए निवेश करना उचित हो सकता है।

लेकिन फिर भी निवेशक को इक्विटी बाजार में पैसा लगाते समय सुनी-सुनाई खबरों पर भरोसा नहीं करना चाहिए। सोच-समझकर, जांच-परख

कर ही पैसा लगाएं, भेंड़चाल में ना पड़ें। क्योंकि भेड़चाल हमेशा निवेशकों को खासकर छोटे निवेशकों की लुटिया डुबो देती है।

निवेशक सोचते हैं कि हम शेयर बाजार में पैसा लगा रहे हैं तो सिर्फ शेयर के अनुसार अपना रुख बदलते हैं, लेकिन इस सोच पर काबू पाना चाहिए। आपको एक निवेशक की तरह सोचना चाहिए कि शेयर नहीं, बिजनेस कर रहे हैं। यदि यह सोच आपकी है तो आप शेयर बाजार में लम्बी दौड़ के धावक बन कर एक सफल निवेशक की पहचान बना सकते हैं।

इक्विटी बाजार में पैसे लगाते समय सिर्फ शेयर के भाव पर ध्यान नहीं दें। बल्कि शेयर जिस कंपनी का है उस पर भी ध्यान दें। कंपनी का कारोबार कैसा है ये सोचें। कंपनी पर रिसर्च करके ही पैसा लगाएं।

किसी शेयर से एक्जिट करने का पहला मंत्र ये है कि बिजनेस की वैल्यू जब चरम पर पहुंचे तब निकलें। इसके अलावा पैसों की जरूरत पड़ने पर भी निकल सकते हैं। शेयर प्राइस बढ़ने पर देखें कि क्या बढ़े भाव पर भी आप खरीदारी करेंगे? लगातार निवेश जारी रखें, निवेश के साथ अनुभव आएगा।

एक अच्छे निवशक की पहचान उस समय होती है जब उसे अपने शेयर को मुनाफे के लिए या तो बेचना होता है या खरीदना होता है। आपने मछलियों वाली छोटी कहानी पढ़ी होगी, जिसमें लिखा था कि एक बार तालाब में सूखा आ गया। जो लीडर मछली थी उसने सभी मछलियों को आगाह कर दिया कि तालाब सूखने वाला है। जल्द कहीं और जाने का इन्ताम कर लो। जिन मछलियों ने कठिन समय को पहचान लिया। वे बाहर निकल आई, लेकिन जो नहीं पहचान पाई वे चील और गिद्धों की खुराक बनीं।

इसीलिए एक सफल निवेशक की नजर में समय को पहचानना सबसे बड़ा और कठिन काम होता है।

16. शेयर बाजार का महत्त्व

> ज्यादातर सफलताएँ असफलता की ठोकर से उपजती हैं। मैं एक एग्जिक्यूटिव बनने के अपने लक्ष्य में विफल होने के बाद एक कार्टूनिस्ट बना। **-स्कोट एडम्स**

शेयर बाजार आज दुनिया की अर्थवयवस्था का एक अभिन्न अंग बन चुका है। हालात यहाँ तक पहुँच गये हैं कि किसी भी देश के विकास को नापने के लिए उस देश की शेयर बाजार की मजबूती से मापा जाने लगा है। दुनिया की बहुत बड़ी पूंजी आज शेयर बाजार में लगी है।

वैसे शेयर बाजार के बारे में कई मत हैं जिनमें कीन्स ने कहा है कि यदि किसी भी देश की अर्थव्यवस्था में समुद्र में उठने वाले बुलबुले के बराबर यदि पूंजी लगी है तो कोई खतरा नहीं है। यदि बुलबुले समुद्र के पानी से ज्यादा हो जायें तब यह ज्यादा खतरनाक है। इसलिए शेयर बाजार का महत्त्व आज बहुत बढ़ गया है जिसे समझना भी हमारे निवशकों के लिए जरुरी है।

शेयर बाजार का महत्त्व, कार्य और उद्देश्य तथा अर्थव्यवस्था में इसका योगदान आज किसी से छिपा नहीं है। दुनिया के सभी देशों में शेयर बाजार होते हैं। मगर इन्हें किस लिये बनाया जाता है, इनका योगदान क्या है और ये क्यों इतने महत्वपूर्ण हैं किसी भी अर्थव्यवस्था के लिये? क्यों प्रतिदिन समाचारों में इनके उतार-चढ़ाव को इतना महत्त्व दिया जाता है?

शेयर बाजार कंपनियों के लिये पैसा जुटाने के लिये मंच प्रदान करता है। यह कंपनियों के शेयरों की सार्वजनिक रूप से व्यापार करने की अनुमति देता है, और सार्वजनिक बाजार में कंपनियों को उनके स्वामित्व के अंश बेचकर विस्तार के लिए अतिरिक्त वित्तीय पूंजी जुटाने में मदद करता है। स्टॉक एक्सचेंज निवेशकों को प्रतिभूतियों के व्यापार के लिये लिक्विडिटी

यानी तरलता प्रदान करता है, जिससे उन्हें तेजी से और आसानी से बेचा जा सके।

कंपनियां शेयर इस लिये जारी करतीं हैं कि व्यवसाय के लिये पूंजी जुटाई जा सके। निवेशक कोई शेयर इस लिये खरीदते हैं जिससे वे कंपनी के विकास और मुनाफे में भागीदार बन सकें और उस शेयर की मांग बढ़ने पर उसे ऊंची कीमतों पर बेच सकें। शेयर बाजार कंपनियों और निवेशकों को इस सब के लिये मंच प्रदान करता है। शेयर बाजार का महत्त्व कंपनियों और निवेशकों के लिये एक-सा ही है।

शेयर बाजार में किसी कंपनी के शेयर सूचीबद्ध होने के बाद लगभग हमेशा उसमें खरीददार और बेचने वाले उपलब्ध रहते हैं। शेयर बाजार वह मंच है जिस पर हमेशा शेयरों की उपलब्धता और तरलता बनी रहती है। इसी तरलता के कारण शेयर बाजार में निवेशकों के लिये निवेश करना और उससे लाभ उठाना आसान हो जाता है। प्रॉपर्टी और अन्य संपत्तियों को बेचने में ऐसी तरलता नहीं मिलती है।

स्टॉक और अन्य संपत्तियों की कीमत आर्थिक गतिविधि की गतिशीलता का एक महत्वपूर्ण हिस्सा है और सामाजिक मनोदशा का संकेतक हो सकता है। एक अर्थव्यवस्था जहां शेयर बाजार में वृद्धि हो रही हो उसे उभरती हुई अर्थव्यवस्था माना जा सकता है। शेयर बाजार को अक्सर किसी भी देश की आर्थिक ताकत और विकास का प्राथमिक संकेतक माना जाता है। लंबी अवधी तक बढ़ते शेयर बाजार देश में बढ़ती आर्थिक गतिविधियों का संकेत देते हैं और गिरते बाजारों का मतलब यह हो सकता है कि आर्थिक गतिविधियां सिकुड़ रही हैं।

शेयरों की कीमतें घरेलू निवेश और खपत को भी प्रभावित कर सकती हैं। इसलिए केंद्रीय बैंक जैसे कि आरबीआई शेयर बाजार के नियंत्रण, व्यवहार और वित्तीय प्रणाली के कार्यों के सुचारू संचालन पर नजर रखते हैं। वास्तव में देश में वित्तीय स्थिरता पर नजर रखना ही आरबीआई का मुख्य काम है।

एक्सचेंज प्रत्येक लेन-देन के लिए क्लीयरिंग हाउस के रूप में भी कार्य करते हैं जिसका अर्थ है कि वे शेयर बेचने वाले से एकत्र करते हैं और खरीदने वाले को वितरित करते हैं और शेयरों के विक्रेता को भुगतान की गारंटी देते हैं। यदि काउंटरपार्टी लेन-देन पर डिफॉल्ट हो जाये तो उस

स्थिति में स्टॉक एक्सचेंज व्यक्तिगत खरीदार या विक्रेता के जोखिम को समाप्त करते हैं।

बैंक और शेयर बाजार मिल कर किसी भी देश में वित्तीय प्रणाली को समृद्ध बनाने में अपना-अपना योगदान देते हैं। आंकड़ों के अनुसार हाल के दशकों में अधिकतर देशों में घरेलू निवेश में शेयरों का हिस्सा बड़ी तेजी से बढ़ा है। हमारे देश में भी बढ़ते शेयर बाजार इसी तरह के संकेत दे रहे हैं। हाल के वर्षों में हमारे देश में युवाओं का रुझान SIP और म्यूचुअल फंड की तरफ बढ़ा है। यह भी अप्रत्यक्ष रूप से शेयरों में निवेश का ही तरीका है।

शेयर बाजार का महत्त्व किसी भी देश की वित्तीय प्रणाली को सुचारू रूप से चलाने के लिये बहुत ही आवश्यक हो गया है जिसके बिना आर्थिक गतिविधियों को स्पीड नहीं मिल पाती है। आप भी शेयर बाजार सीखें और तरक्की की रफ्तार में शामिल हो जायें।

जो भी निवेशक बाजार चरित्र को एक बार समझ गया वह निवेशक सफलता के नये कीर्तिमान स्थापित कर सकता है। इसीलिए किसी बड़े निवेशक ने कहा है कि सिर्फ अपने उद्देश्य का ही पता नहीं होना चाहिए बल्कि बाजार के उद्देश्य की भी जानकारी सफलता के लिए महत्त्वपूर्ण सोपान है।

17. शेयर निवेशकों का मनोविज्ञान

> बिना असफलता के सफलता का कोई स्वाद नहीं है। उसकी कोई समझ नहीं है। **–ग्लेन बेक**

किसी भी निवेशक को यह जानना बहुत जरुरी है कि पूर्व के निवेशक किस तरह का व्यवहार करते हैं। उनके मनोविज्ञान को समझकर हम अपनी आगे की नीतियों को सही रूप में लागू कर सकते हैं। निवेशक का मनोविज्ञान ही उसे सफल या असफल निवेशक के रूप में पहचान दिलाता है। यदि निवेशक का हृदय कारोबारी वाला नहीं है तो वह ज्यादा समय तक बाजार में टिक नहीं पाता है।

शेयर बाजार नए शिखर पर पहुंचने के बाद शेयर बाजार में तेज गिरावट आ जाती है। इससे निवेशक घबरा जाते हैं। उनको लगता है कि बाजार आगे और फिसल सकता है। यही वो समय होता है, जब मार्केट में करेक्शन होता है, तभी निवेशक सबसे बड़ी गलतियां करते हैं। ऐसी गलतियों की उन्हें भारी कीमत चुकानी पड़ती है। इसी समय मनोवैज्ञानिक रूप से निवेशकों को अपने आप को सम्भालना होता है।

शेयर बाजार में निवेशक एक कीमत तय करते हैं और उस लेवल तक वे शेयर को होल्ड किए रहते हैं। आमतौर पर यह प्राइस शेयर की खरीद कीमत होती है। कुछ मामलों में यह स्टॉक का ऑल टाइम हाई प्राइस भी हो सकता है। निवेशक इस लेवल को ध्यान में रखकर किसी शेयर में बने रहने या निकलने का फैसला करते हैं। निवेशक को, गिरते हुए बाजार में खास प्राइस का मोह भारी पड़ सकता है। इसी मनोवैज्ञानिक दबाव के कारण निवेशक उससे अधिक समय तक शेयर को होल्ड करते हैं, जितने समय तक उन्हें करना चाहिए था। शेयर प्राइस में कई वजहों से गिरावट आ सकती

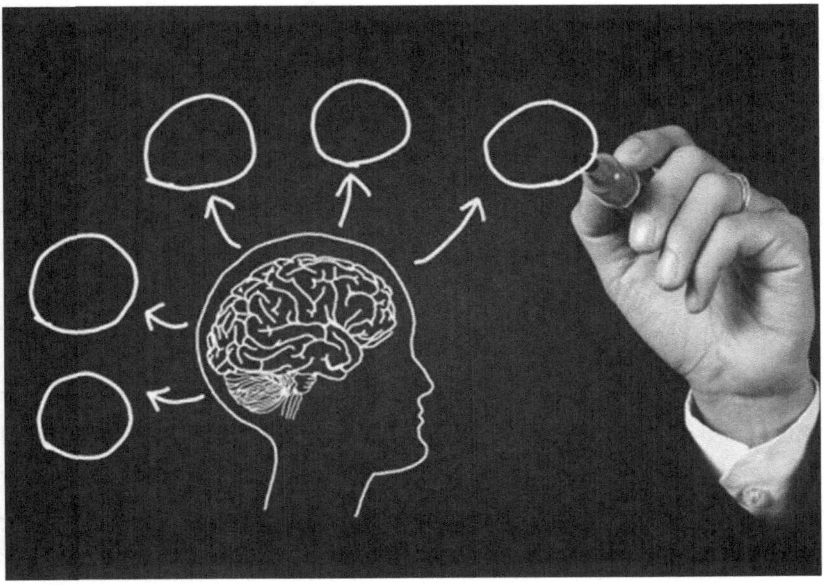

है, लेकिन निवेशक खास प्राइस के मोह में शेयर को होल्ड किए रहते हैं। निवेशक उम्मीद करता है कि शेयर की कीमत फिर उस लेवल तक पहुंचेगी। वे ऐसा करते वक्त स्टॉक के फंडामेंटल्स की पड़ताल नहीं करते।

बाजार में हर कोई गलती करता है, लेकिन कुछ निवेशक गलतियों को बढ़ाते जाते हैं। अगर आपने कोई शेयर खरीदा है और उसकी कीमत कम हो जाती है तो एवरेज बाइंग प्राइस कम करने के लिए और शेयर मत खरीदिए। निवेशक कम कीमत पर शेयर खरीदकर अपना लॉस घटाने की कोशिश करते हैं। हालांकि, गिरते हुए बाजार में यह रणनीति अच्छी नहीं है। अगर आपने कोई गलत शेयर खरीद रखा है तो उसमें काफी गिरावट आ सकती है।

अगर आप बीच में वह शेयर और खरीदते हैं तो उसके और नीचे जाने पर आपका नुकसान बढ़ेगा। इस बारे में सेंट्रम वेल्थ के चीफ इन्वेस्टमेंट ऑफिसर कुंज बंसल ने बताया कि एक खराब स्टॉक में और पैसा लगाने में कोई समझदारी नहीं होती। उन्होंने कहा, 'अगर आपने जिस स्टॉक में निवेश किया है, वह अच्छी क्वॉलिटी का है तो दाम कम होने पर उसमें निवेश बढ़ाया जा सकता है। इसके अलावा, किसी भी सूरत में गिरावट आने पर

शेयर में निवेश नहीं बढ़ाना चाहिए।' उन्होंने कहा कि आप किसी शेयर में कितना निवेश बढ़ाएंगे, इसकी एक सीमा पहले से तय करके रखिए।

शेयर बाजार में निवेशकों का मनोविज्ञान बहुत हद तक बाजार के उतार-चढ़ाव से प्रभावित होता रहता है। जब शेयर प्राइस में गिरावट आती है तो लोग इन्वेस्टमेंट न्यूज और रिसर्च रिपोर्ट्स खंगालने लगते हैं। वे इनमें ऐसे संकेत ढूंढते हैं, जिनसे उनकी सोच सही साबित हो। वे उन तथ्यों की अनदेखी करते हैं, जिनसे उनकी सोच गलत साबित हो सकती है। बाजार के परिवर्तन वाले दौर में यह ट्रेंड कुछ ज्यादा ही देखा जाता है। हालांकि, इससे निवेशक गलत फैसले करता है। अगर आपने कोई शेयर खरीदा है और उसके बारे में नेगेटिव न्यूज आती है तो उस पर गौर करना चाहिए। जो स्टॉक्स आपके पोर्टफोलियो में हैं, उन्हें लेकर आपको भावनाओं में नहीं बहना चाहिए। यदि बाजार के दबाव में एक बार निवेशक आ गया तो वह बड़ी गलती करता है।

एक निवेशक को यह समझना जरूरी है कि अगर किसी शेयर की कीमत 52 हफ्ते के लो लेवल पर पहुंच जाती है तो गिरते हुए बाजार में कुछ निवेशक वैल्यू इन्वेस्टमेंट करने लगते हैं। वे अग्रेसिव तरीके से ऐसे शेयरों की तलाश करने लगते हैं, जिनकी कीमत 52 हफ्ते के लो पर पहुंच गई है। उन्हें लगता है कि ऐसे शेयर में पहले ही गिरावट आ चुकी है, इसलिए उनमें निवेश करने पर अच्छा रिटर्न मिल सकता है। हालांकि, इनमें से कुछ स्टॉक्स 'वैल्यू ट्रैप' साबित हो सकते हैं। इस बारे में ओम्नीसाइंस कैपिटल के सीईओ विकास गुप्ता ने बताया, '52 हफ्ते का लो किसी स्टॉक को रिसर्च करने की वजह हो सकता है, लेकिन सिर्फ कीमत देखकर ऐसे शेयर में निवेश करना अच्छा नहीं होता।'

कभी-कभी ऐसा भी देखने में आया है कि कई छोटे निवेशक बाजार में गिरावट आने पर अक्सर एसआईपी रोक देते हैं। जबकि मंदी के बाजार में एसआईपी के जरिए किए गए निवेश पर अधिक रिटर्न मिलने की संभावना होती है। बाजार में करेक्शन होने पर एसआईपी की उसी रकम में आपको म्यूचुअल फंड्स की अधिक यूनिट मिल सकती है। इससे मार्केट में रिकवरी होने पर आपको अधिक रिटर्न मिल सकता है। एसआईपी को करेक्शन होने पर अगर आप रोकते हैं तो इससे इसका मकसद ही पूरा नहीं होता। इस

रूट से निवेश करने वालों के लिए लंबे समय तक बाजार में बने रहना जरूरी है। उन्हें मार्केट सेंटीमेंट की परवाह नहीं करनी चाहिए। शेयर बाजार के निवेशकों के मनोविज्ञान को समझना इतना आसान काम नहीं है। लेकिन इतना तो कोई भी निवेशक का पता लगा सकता है, अपनी पूंजी को कम से कम जोखिम और अधिक से अधिक मुनाफा कमाना चाहता है। इसी कारण समय-समय पर निवेशकों में बेचैनी देखने को मिल जाती है। यदि प्रत्येक निवेशक बाजार की उठा-पटक से दूर रहकर अपने विवेक से काम ले तो वह अत्यधिक समय तक बाजार में बना रह सकता है।

18. शेयर में औसत योजना

> दृढ़ रहने की इच्छाशक्ति अक्सर सफलता और असफलता के बीच का अंतर होती है। –**डेविड सर्नोफ्फ**

शेयर मार्किट में कोई भी जड़ सिद्धांत लागू नहीं होता। बल्कि बारीकी से नजर रखने वाले निवेशक ही सबसे ज्यादा नफा कमा सकते हैं। शेयर बाजार में औसत योजना को कोई भी निवेशक लागू कर सकता है, लेकिन कुछ अपवाद को भी ध्यान में रखना होगा। इसे समझने के लिए एक कहानी याद आ रही है।

एक स्कूल के बच्चों को नदी पार करना था। बच्चे किनारे पर खड़े हुए थे। मूर्ख अध्यापक ने अपने गणित के अनुसार नदी की गहराई का अनुमान लगाया और एक औसत ऊंचाई निकाल कर बता दिया कि इस औसत ऊंचाई वाले सभी बालक हैं। अतः वे सभी नदी को पार कर सकते हैं। लेकिन नदी के बीच में गहराई ज्यादा थी और औसत वाले बालक उसमें बह गये। इसलिए शेयर बाजार में भी औसत योजना को ध्यान से परखना जरूरी है।

शेयर बाजार में मूविंग एवरेज क्या है? सिंपल मूविंग एवरेज से किसी एसेट प्राइस की औसत वैल्यू का पता चलता है। ये एसेट स्टॉक, कमोडिटी या इंडेक्स हो सकते हैं।

मूविंग एवरेज को तय समय, मिसाल के लिए 15 दिन, 50 दिन, 100 दिन या 200 दिनों में देखा जाता है।

अगर कोई यह कहे कि हमें अपने निवेश पर औसत रिटर्न से खुश रहना चाहिए तो कई लोगों को यह बात हजम नहीं होगी। औसत से ज्यादा रिटर्न की लालच ऐसी चीज है, जो सबको लुभाती है. औसत रिटर्न से अधिक

कमाई करना एक चुनौती भी है। रिटर्न के मामले में औसत दरअसल एक मानक है, जो अच्छे और खराब के बीच एक रेखा खींचता है। इस हिसाब से हमें निवेश पर मिलने वाला रिटर्न औसत से अधिक या कम लगता है। अगर हमें अपने निवेश पर औसत से अधिक रिटर्न मिलता है तो हम उस निवेश में लंबे समय तक बने रहने के लिए खुद को मना लेते हैं।

हम यह मानने को भी तैयार हो जाते हैं कि औसत भी थोड़ा बढ़ेगा। हम चीजों को बड़ी तस्वीर के हिसाब से नहीं देखते। जब हम शेयर बाजार को देखते हैं तो हम टॉप परफॉर्म करने वाले शेयरों को देखते हैं। हम उन्हीं आंकड़ों को दिमाग में बिठा लेते हैं। जब हम किसी आईपीओ में निवेश करते हैं तो हम यह देखते हैं कि उसने लिस्टिंग के दिन कैसा प्रदर्शन किया।

निवेशक म्यूचुअल फंड को देखते हैं। वे जानना चाहते हैं कि पिछले कुछ दिनों में फंड का प्रदर्शन कैसा रहा है? हम इसी संभावना पर बड़ा दांव खेलते हैं। हम उम्मीद करते हैं कि पिछले औसत से इसका प्रदर्शन बेहतर रहेगा। इसमें हमारे सामने दो पूर्वाग्रह होते हैं। पहला है वजूद बनाए रखने की सोच। जब हम प्रदर्शन की बात करते हैं तो हम सफल बिजनेस को देखते हैं और उसके मौजूदा कामकाज को देखते हैं।

जो कारोबार फेल हो गए, हमारे आसपास नहीं हैं और उनके शेयरों पर चर्चा नहीं होती। हम सिस्टेमेटिक तरीके से उस रिटर्न का अंदाजा लगाते हैं जो हमने कमाया होता है। इसकी वजह यह है कि हमने असफल कारोबार को अपनी सूची से निकाल दिया है। इसके बाद चुनाव संबंधी पूर्वाग्रह है। हमें यह लगता है कि एक ऐसा बढ़िया तरीका है जिसकी मदद से हम बेहतरीन शेयर, फंड, आईपीओ या पोर्टफोलियो बना सकते हैं। यह हमें औसत से अधिक रिटर्न दे सकता है। हमें पूरा भरोसा होता है कि यह तरीका हमें औसत से अधिक रिटर्न देने में कामयाब साबित होगा।

वित्तीय बाजार में इस तरह का अनुमान लगाना बहुत जोखिम भरा हो सकता है। इस तरह का कोई सिस्टम नहीं है, जिसमें फुल प्रूफ रिजल्ट मिले। हर बार ऐसा ही हो, यह तो बिलकुल भी जरूरी नहीं है।

कोई ऐसा तरीका नहीं है जिससे हमें बेहतरीन शेयर चुनने और जबरदस्त रिटर्न कमाने का भरोसा मिले। जो आज बेहतर दिख रहा है, वह कल बेकार साबित हो सकता है। अगर हम यह मानें कि जहां हम आज खड़े हैं, और कोई शेयर खरीदते हैं तो कल वह बेहतरीन रिटर्न भी दे सकता है और पैसे डूबा भी सकता है। हम किसी कंपनी के नतीजे आज ही नहीं देख सकते। हमें समय की मांग के हिसाब से औसत का आदर करना सीखना होगा। हमें अपनी उम्मीदों को भी इस पर कायम करना होगा।

19. शेयर बाजार जुआ या कारोबार

> हमारे आलस्य की सजा सिर्फ हमारी असफलता नहीं है;
> दूसरों की सफलता भी है। **-जूल्स रेनार्ड**

किसी बड़े लेखक ने कहा है कि जिन्दगी भी एक जुआ ही है। पता नहीं कब, क्यों, कहां जीवन का अंत हो जाये। लेकिन क्या फिर भी एक मानव अपना जीवन बढ़िया बनाना चाहता है। अपने जीवन में विभिन्न रंग भरना चाहता है। यही आदमी के जीवन का एक महत्वपूर्ण पहलू बन जाता है। शेयर बाजार के बारे में भी यही कहा जा सकता है कि वैसे देखने में तो यह भी एक जुआ घर जैसा ही नजर आता है। लेकिन यदि इसको एक बार अच्छी तरह से समझ लिया जाये तो यह भी जीवन का एक हिस्सा बन सकता है।

शेयर बाजार में पैसे कमाना किसको पसंद नहीं होता और पैसे कमाने में कोई हर्ज भी नहीं है, लेकिन जब पैसे कमाने की लत में आप अपना सब कुछ दाँव पर लगा देते हैं तो वो जुआ बन जाता है।

एक उम्र के बाद हर कोई शेयर बाजार की ओर रुख करता है क्योंकि उन्हें अपने पैसे का निवेश करना होता है। परन्तु शेयर बाजार की जानकारी न होने पर वो निवेश की जगह पैसे कमाने के लालच में पड़ जाते हैं। ब्रोकर के द्वारा तरह-तरह के सपने दिखाए जाते हैं और उन लोगों के उदाहरण दिए जाते हैं जिन्होंने शेयर मार्केट से करोड़ों रुपए कमाए। शेयर बाजार अनिश्चितता का बाजार है, यहाँ पर कुछ भी निश्चित नहीं होता इसलिए बिना सोचे समझे किया गया निवेश आपके लिये घातक हो सकता है।

दुनिया के सबसे सफल निवेशक वॉरेन बफे के अनुसार - "मैं कभी शेयर बाजार से पैसा बनाने की कोशिश नहीं करता। मैं इस धारणा के साथ

शेयर खरीदता हूँ कि बाजार अगले दिन बंद हो जाएगा और पाँच साल तक नहीं खुलेगा।"

शेयर बाजार में कोई भी व्यक्ति हर दिन ट्रेडिंग करके पैसे नहीं बना सकता है। इसका सबसे बड़ा कारण बाजार भावों का अनिश्चित होना है। आप कभी भी किसी एक्सपर्ट पर भरोसा न करें, क्योंकि यदि वो बाजार को इतनी ही अच्छी तरह से जानता होता तो वो खुद पैसे न कमाता, उसे आपको सलाह देने की क्या जरूरत थी।

शेयर बाजार के नियम हैं जिनका पालन हर ट्रेडर (शेयर बाजार में काम करने वाला) करता है। दैनिक (इंट्रा डे) ट्रेडिंग करते समय अपना स्टॉप लॉस (एक तरीका जिससे आप अपना जोखिम पहले ही तय कर लेते हैं) तय कर लें और उसे लगा कर रखें, इससे आप नुकसान से बच सकते हैं। शेयर बाजार में ट्रेडिंग कभी भी अपने नुकसान की भरपाई करने के लिए न करें, इससे आप हमेशा अपना ही नुकसान करेंगे।

एक ट्रेड (सौदे) में नुकसान होने के बाद कभी भी दूसरी ट्रेड मत करें। यही नियम फायदे पर भी लागू होता है। एक बार अच्छा फायदा होने के बाद आप बाजार से तुरन्त बाहर निकल जाएँ, क्योंकि बाजार जो पैसे आपको देता है वह कुछ ही समय के अंदर उसे आपसे वापस भी ले लेता है।

यदि आपको फायदा हुआ है तो इसका अर्थ यह है कि आपके जैसे ही किसी अन्य व्यक्ति को नुकसान भी हुआ होगा। शेयर बाजार ऐसे ही काम करता है। इसलिए ज्यादा उत्साह दिखाने की कोई जरुरत नहीं है।

शेयर बाजार में हर दिन पैसा केवल बिचौलिए (ब्रोकर) कमाते हैं और वो एक्सपर्ट (जानकर) कमाते हैं जो आपको पैसे लगाने की सलाह देते हैं। आम आदमी तभी शेयर बाजार से पैसे कमाता है जब उसने एक अच्छी कंपनी में लम्बी अवधि के लिए निवेश किया हो। आपके द्वारा किसी भी कंपनी में निवेश करने से पहले भी आपको कुछ बातों की जानकारी होना आवश्यक है। जैसे- शेयर बाजार के नियम - कंपनी क्या काम करती है? उसका बाजार कितना बड़ा है? और वह किस गति से बढ़ रही है? कंपनी को चलाने वाले लोग कैसे हैं? क्या वह कंपनी के संसाधनों का प्रयोग सही दिशा में कर रहे हैं?

कंपनी का बाजार मूल्य कहीं उसके वास्तविक मूल्य से अधिक तो नहीं है?

कंपनी के ऊपर कितना कर्ज है? क्या भविष्य में वह कर्ज चुका पायेगी?

कंपनी के आय और व्यय का अनुपात क्या है? कहीं वह घाटे का कारोबार तो नहीं कर रही है?

ये हैं शेयर बाजार के नियम- अनेक प्रश्नों की जानकारी होना अत्यंत आवश्यक है। यदि आप इन सभी बातों के बारे में नहीं जानते हैं तो वास्तव में आप शेयर बाजार में जुआ ही खेल रहे हैं।

मीडिया में दिखाया गया सब कुछ सच नहीं होता। मीडिया आपको वही दिखाती है जिसे दिखाने के लिए उसे कुछ कामयाब और अमीर लोगों द्वारा पैसा दिए जाते हैं। इसलिए किसी पर भरोसा मत करें। अपना निवेश समझदारी के साथ करें।

जैसा कि हमने एक पथ में एक मूर्ख अध्यापक की कहानी सुनायी थी जो औसत के नियम से भी काम करके बहुत से बच्चों को नदी में डूबों देता है। इसलिए यदि हमारे पाठक एक सफल निवेशक बनना चाहते हैं तो आपको एक जागरूक नागरिक की तरह अपना काम करना पड़ेगा। यहीं से कोई न कोई रास्ता जरूर निकलेगा।

20. आप जोखिम से बच सकते हैं

> सक्सेस का मतलब है कि हमारे पास जो कुछ है उससे हम जो बेस्ट कर सकते हैं वो करना। **–जिग जिगलर**

किसी भी निवेशक का सबसे बड़ा सवाल और सबसे पहला सवाल होता है कि अपनी मेहनत की कमाई को कहाँ लगाया जाये? लेकिन बड़े दार्शनिकों का मानना है कि एक निवेशक को सबसे पहले ये समझना जरुरी होता है कि अपना पैसा कहाँ नहीं लगाना चाहिए।

अपनी मेहनत की कमाई को बचाना चाहते हैं और अपना भविष्य सुरक्षित करना चाहते हैं तो आपको एक बेहतर निवेश की योजना बनानी चाहिए, जहां आपकी गाढ़ी कमाई एक बचत के रूप में जमा हो सके, जो आपके काम आ सके। अगर आप चाहते हैं कि ऐसा हो तो फिर आपको इसके लिए कुछ जरूरी कदमों पर ध्यान देना चाहिए, ताकि आप इस समय चल रही ठगी के शिकार होने से बच जाएं।

कुछ सालों में ऐसे कई मामले आए हैं, जहां आपके पैसे को दोगुना या कम समय में ज्यादा ब्याज देने की लालच दी गई है। लेकिन बाद में आपका यह पैसा लेकर लोग फरार हो जाते हैं। बात पीएसीएल की करें, जो चेन सिस्टम के तहत लोगों को जोड़ती थी, आज उसके लाखों निवेशक अपना पैसा निवेश कर फंस गए हैं। इसी हफ्ते में पूंजी बाजार नियामक सेबी ने जानकारी दी है कि पीएसीएल की उसने काफी संपत्तियां बरामद की हैं और उन्हें बेचकर निवेशकों को पैसा दिया जाएगा। लेकिन ध्यान रहे कि आप इस तरह के झांसे में न आएं।

चिट फंड जैसी कंपनियां या फिर कोई भी ऐसा व्यक्ति जो आपको यह झांसा दे कि आपका पैसा कम समय में दोगुना या फिर उस पर ज्यादा

ब्याज दिला देगा, तो इस तरह के झांसे में न आएं। याद रहे कि देश में सरकारी योजनाओं में 9 फीसदी के आस-पास और बैंकों में एफडी पर भी 7-10 फीसदी के आस-पास सालाना ब्याज मिलता है। इनके अलावा कोई भी ऐसा संसाधन नहीं है, जो आपकी राशि को कम समय में दोगुना कर दे या फिर ज्यादा ब्याज दे।

शेयर बाजार में आप डाइरेक्ट किसी शेयर में निवेश कर कुछ समय पैसे कमा सकते हैं, लेकिन यह हमेशा जोखिम का काम होता है। बेहतर होगा कि यही काम आप किसी ऐसे म्यूचुअल फंड कंपनियों को दे दें, जिनके अनुभवी और पेशेवर फंड प्रबंधन आपके पैसे का निवेश करें और आपको बेहतर रिटर्न दें।

कुछ कम्पनियां एक चेन सिस्टम चलाती थीं, जो निवेशकों से 11,000 रुपये लेकर उन्हें अच्छा खासा लुभावना ऑफर देती थीं। लेकिन उसने भी निवेशकों का पैसा गायब कर दिया और इस समय उसके ऊपर मामले चल रहे हैं। इसी तरह आप अगर किसी क्रेडिट सोसाइटी में भी पैसे लगाते हैं तो उस क्रेडिट सोसाइटी का कोई इतिहास नहीं होता है और पता नहीं कब वह आपका पैसा ले कर भाग जाए। इसी तरह अगर आप बीसी या अन्य चिटफंड कंपनी में पैसे लगाते हैं, तो भी आपका पैसा गायब हो जाएगा। कोशिश करें कि इस तरह के लुभावने लालच में न फंसें।

निवेशक चाहें तो 100 रुपये से एक बैंक में, म्यूचुअल फंड में या बीमा में या फिर सरकारी योजनाओं में निवेश कर सकते हैं। याद रहे, हमेशा निवेश के लिए आप बैंक, सरकारी योजनाओं या फिर म्यूचुअल फंड जैसी कंपनियों की मदद लें।

इनके पास अच्छा ट्रैक रिकॉर्ड होता है और इनके पास अनुभवी फंड मैनेजर होते हैं जो आपके पैसों को विभिन्न योजनाओं में निवेश कर आपको बेहतर रिटर्न देते हैं। यह फंड सरकारी योजनाओं, शेयर बाजार और अन्य मदों में पैसे लगाते हैं। म्यूचुअल फंड इस समय सबसे पारदर्शी निवेश है जहां आप रोजाना अपने निवेश की कीमत या रिटर्न देख सकते हैं। साथ ही इसका नियमन सेबी करता है।

निवेशक के लिए बैंक एफडी एक भरोसेमंद निवेश है। यहां कम ब्याज मिलता है, लेकिन आपका पैसा सुरक्षित रहता है। आप चाहते हैं कि आपको

कम रिटर्न मिले और पैसा सुरक्षित रहे तो आप बैंक एफडी का सहारा ले सकते हैं। या फिर आप इसकी बजाय सरकारी योजनाओं जैसे एनपीएस, किसान विकास पत्र, बांड या अन्य में निवेश कर सकते हैं।

निवेशक चाहें तो बीमा कंपनियों में भी थोड़ा बहुत निवेश कर सकते हैं, लेकिन याद रखें कि चेन सिस्टम, ज्यादा ब्याज देने वाले, कम समय में पैसों को दोगुना करने या फिर किसी लुभावनी योजनाओं से बचे रहें। आपका पैसा आपका है और आप ही इसे संभाल सकते हैं। लेकिन इसके लिए आपको थोड़ा ध्यान देने की जरूरत है।

यदि निवेशक को एक बार अपने जोखिम के बारे में पता चल जाये तो वह अपनी पूंजी को डूबने से बचा सकता है। लेकिन किसी ने सही कहा है कि ज्यादा मुनाफा तो ज्यादा जोखिम उठाकर ही प्राप्त किया जा सकता है। ये जोखिम उन निवेशकों के लिए ही फायदेमंद है जो लम्बे समय तक बाजार के खिलाड़ी बन चुके हैं। नये निवेशकों को तो धीरे-धीरे जोखिम लेना शुरू करना होगा और यह ध्यान रखना होगा कि कहाँ अपना पैसा नहीं लगाना चाहिए।

21. शेयर बाजार : अस्थिरता और प्रबंधन

> सफलता; करना है, पाना नहीं, सफलता प्रयास में है, जीत में नहीं। -**जिग जिगलर**

समाज में रहने वाला प्रत्येक प्राणी सहज जीवन जीना चाहता है। लेकिन बाहरी वातावरण के कारण उसके जीवन में हमेशा अस्थिरता बनी रहती है, किसी को नौकरी की तो किसी को अपने मुनाफे की। लेकिन दुनिया में वही सबसे सफल व्यक्ति माना गया है, जिसने कुशल प्रबंध का प्रयोग किया है।

एक अमेरिकी निवेशक, रॉबर्ट अरनॉट ने कहा है, "निवेश में, जो सहज है वह शायद ही फायदेमंद होता है, जो 200 अरब डॉलर से अधिक का निवेश करने की सलाह देता है। जब वाष्पशीलता बढ़ जाती है, तो लोग अक्सर भविष्य के शेयरों के बारे में जानना चाहते हैं, वे यह जानना चाहते हैं कि बाजार मूल्यांकन कब ऐसी स्थिति में आए के उन्हें शेयर खरीदने या बेचने में आसानी हो। वे उस समय में एक कदम उठाने में शामिल जोखिम का आंकलन करना चाहते हैं। लेकिन एक और खतरा है जो निवेशकों द्वारा शायद कभी-कभी ही बोली जाती या स्वीकार की जाती है, और वह है- एक निवेशक के अपने विचार और उसका व्यवहार।"

यह अक्सर अधिक नुकसान का कारण बनता है। आखिरकार, आप लंबे समय तक खरीदने और धारण करके शेयर बाजार की अस्थिरता को चला सकते हैं (मान लें कि आपने एक अच्छा स्टॉक खरीदा था)। लेकिन आप खराब या गलत निर्णयों के जोखिम से कैसे बच सकते हैं? आखिरकार, ऐसी चीजों को बदला नहीं जा सकता।

कुछ सामान्य गलतियों, जिन्हें अक्सर निवेशकों द्वारा करते देखा गया है।

यदि निवेशक सामान्य गलतियां न करें तो हर परिवर्तन के साथ वे अपने निवेश को सुरक्षित रख सकते हैं।

प्रवाह के निकलने के बाद ही पता चलता है कि, आखिरकार बचा क्या है। कई निवेशकों के लिए यह बात उपयुक्त बैठती है, जो उछाल वाले बाजारों में कूद पड़ते हैं। निवेश के अच्छी तरह से परिभाषित सिद्धांत और जोखिम की भावना गेट के बाहर रहती है, और शेयर केवल गति का पीछा करने के लिए खरीदा जाता है। स्टॉक में निवेश करने के बजाय, इसका पीछा शेयरों में भाग लेने के बारे में है जो वर्तमान में 'बाजार का स्वाद' है। और फिर भी, जैसे ही बाजार में सुधार होने लगता है, यह उत्साह और जोखिम लेने वाला व्यवहार गायब हो जाता है। उसके बाद निवेशक के निवेश पर कई सवाल उठाने के साथ-साथ, उसे विनाश के रास्ते पर छोड़ दिया जाता है। यहां तक कि स्थिर निवेशक अपने निवेश को स्थिर कर देते हैं और अपने अनुशासन को पकड़ में रखते हैं।

निवेशकों के लिए जरूरी है कि बहु-बैगेज का मालिक होने के लिए, आपको महीनों तक अपने स्टॉक को रोके रखना पड़ता है, कभी-कभी सालों तक। इसके लिए बहुत धैर्य और दृढ़ संकल्प की आवश्यकता है। इससे भी महत्वपूर्ण बात, निवेश करने से पहले इसमें श्रमसाध्य शोध की आवश्यकता होती है। तभी आप अपने निवेश की गुणवत्ता के बारे में सुनिश्चित हो सकते हैं।

यदि किसी निवेशक के पास करीब २५-३० शेयरों का पोर्टफोलियो है, जिससे अतीत में, प्रति वर्ष औसतन, १५% रिटर्न मिल चुका है। लेकिन आपकी ज्यादा की इच्छा है तो आप अपने ब्रोकर मित्र से अपने पोर्टफोलियो को देखने के लिए कहेंगे और वह आपको बताएगा कि क्या गलत है। वह आपको आधा स्टॉक बेचने की सिफारिश करता है और इसके बदले अन्य शेयरों को खरीदने का सुझाव देता है। ऐसे में आप क्या करोगे? बहुत से निवेशक, गलती से ऐसा मानते हैं कि किसी मित्र या प्रतिस्पर्धी ब्रोकर्स हाउस द्वारा सुझाए गए शेयर उन स्टॉक के मुकाबले बेहतर हैं जो उनके पास पहले से ही हैं या जो उनके वित्तीय सलाहकार द्वारा बताया गया हो। आखिरकार, ये स्टॉक उतने ज्यादा रिटर्न नहीं दे रहे हैं जितना उनके दोस्त, सहयोगी या पड़ोसी को मिलता है।

निवेशक को पता होना चाहिए कि बात अन्य लोगों की तुलना में अधिक लाभ कमाने की नहीं है। बात बाजार के बेहतर प्रदर्शन की है, जब बाजार सौम्य रहा था, निवेशकों जिन्होंने प्रत्येक उत्तर पर लगातार खरीद की है, वे विजेताओं के रूप में बाहर आएं हैं। हालांकि, यह ध्यान रखें कि स्टॉक की कीमत गिरने के बाद भी, यह 'सस्ते' नहीं हो सकते हैं, इसकी पुष्टि करने के लिए इसकी कीमत-से-कमाई अनुपात को देखें। इससे निवेशकों को यह समझने में मदद मिलेगी कि आप अर्जित पैसे या मुनाफे के प्रत्येक रुपये के लिए कितने रुपये का भुगतान कर रहे हैं। यह जितना ऊँचा होगा, स्टोक उतना ही महंगा होगा।

कई निवेशक 'खरीद और पकड़' क्यों करते हैं? ऐसा इसलिए नहीं है, क्योंकि उनके मन में एक विशेष लक्ष्य है। स्टॉक खरीदने के दौरान उनके पास 'निवेश की अवधि' भी नहीं हो सकती है। इसका कारण यह है कि जब तक घाटा लाभ में नहीं परवर्तित हो जाए, तब तक उसे पकड़े रखना है।

एक निवेशक ने दीर्घकालिक दृष्टिकोण से स्टॉक खरीदा हो सकता है। लेकिन २५ महीने बाद उसने देखा कि स्टॉक उसे अच्छा रिटर्न दे रही है। अचानक, जब बाजार में सुधार की हवाओं का उड़ना शुरू हो जाता है, तो निवेशक को डर है कि वह कभी भी पुराना वाला रिटर्न कमा नहीं सकता और मुनाफा बुक कर देता है। हालांकि, स्टॉक रिटर्न देने के लिए फिर से खड़ा हो उठता है। यह जंगली घास को पानी देने के लिए फूलों की कटाई करने जैसा है।

इक्विटी निवेश स्वाभाविक रूप से जोखिम भरा है। मूल्य औसतन १०-१५% स्विंग कर सकते हैं। यह तब होता है जब आप शेयरों को मुनाफे या हानि को बुक किए बिना अपने निवेश के मूल्य में परिवर्तन देखते हैं। मौलिक लाभ या नुकसान पर ध्यान केंद्रित न करें। आप संभावित विजेताओं से हार जाते हैं। भले ही आपने सैकड़ों सफलता की कहानियां पढ़ी हों, पहले ही सही कारणों को पकड़ने के लिए आवश्यक मनोवैज्ञानिक ताकत को समझें।

एक सीधा निवेशक या मूल्य निवेशक तब होता है जब निवेशक स्क्वायर से बाहर क्षेत्रों या स्टॉक का चयन करते हैं। ऐसे समय में, निवेशकों

को उम्मीद है कि अंततः क्षेत्र और शेयर अपने पहले की महिमा पर लौट आएंगे। लेकिन ऐसे समय में सबसे अधिक चतुर और अनुभवी निवेशक भी धैर्य की जांच कर सकते हैं।

निवेशकों को उद्देश्य की स्पष्टता के साथ चक्रों में नियमित रूप से निवेश करना सर्वोत्तम होता है। समय-समय पर परिसंपत्ति आवंटन की सावधानीपूर्वक निगरानी करना भी महत्वपूर्ण है। इस तरह के अनुशासन आपको स्वाभाविक रूप से कम दाम पर खरीद और उच्च दर पर बेचने की अनुमति देगा' और लालच और भय की भावनाओं को जीत जाएगा।

गलतियां करना अनिवार्य है, लेकिन अनिवार्य यह है कि आप उन्हें न दोहराना। यह सफलतापूर्वक निवेश करने के लिए विश्वास को विकसित करने में मदद करता है।

जोखिमों में कुशल प्रबंध जो भी निवेशक अपनाता है, वह बहुत आसानी से अपने लक्ष्य तक पहुंच जाता है। एक निवेशक के लिए बाजार के रुख को समझना और उसके अनुसार नीति बनाना बहुत कठिन काम तो है, लेकिन जरूरी भी है। यदि निवेशक लम्बी रेस में दौड़ना चाहते हैं।

22. शेयर बाजार में फंडामेंटल एनालिसिस

> सफलता प्रसन्नता की चाबी नहीं है। प्रसन्नता सफलता की चाबी है। यदि आप जो कर रहे हैं उससे प्रेम करते हैं तो आप सफल होंगे। **-हर्मन केन**

जीवन की भगदड़ में एक व्यक्ति को अपने दिन भर के कामों का मुल्यांकन करना चाहिए, तभी वह अगले दिन के लिए कोई टारगेट प्राप्त कर सकता है। उसे अपनी क्षमता और कमजोरी का भी ध्यान रखना जरुरी है। इसी प्रकार शेयर बाजार के निवेशकों को भी लगातार कुछ न कुछ समय-समय पर तमाम धारणाओं की जाँच पड़ताल करनी चाहिए।

एक निवेशक अधिक से अधिक रिटर्न कमाने के लिए शेयर बाजार में निवेश करते हैं। वे ऐसे शेयरों को खरीदते हैं, जिनकी कीमतों में तेजी की उम्मीद होती है और उन शेयरों को बेच देते हैं, जिनमें कमजोरी या स्थिरता की आशंका होती है। ऐसे शेयरों की पहचान के लिए टैक्निकल और फंडामेंटल एनालिसिस का सहारा लिया जाता है।

टैक्निकल और फंडामेंटल विश्लेषण के तरीके अलग-अलग हैं। हालांकि, तकनीकी विश्लेषण का इस्तेमाल सभी तरह के बाजारों में होता है। इनमें कमोडिटी, फॉरेक्स, शेयर या बॉन्ड शामिल हैं। उसे समझने के लिए हमें कुछ बातों पर विशेष ध्यान देना पड़ेगा।

जैसे फंडामेंटल विश्लेषण क्या है? किसी शेयर के संभावित भविष्य का आंकलन कई व्यापक संकेतों के आधार पर किया जाता है। इसमें देश का जीडीपी, महंगाई दर, ब्याज दर के साथ-साथ कंपनी की बिक्री,

मुनाफा क्षमता, रिटर्न ऑन इक्विटी, नकद स्थिति और लाइबिलिटी शामिल होते हैं।

ऐसे ही तकनीकी विश्लेषण को भी समझना पड़ेगा। तकनीकी विश्लेषण में बाजार के एतिहासिक आंकड़ों का इस्तेमाल किया जाता है। इनमें शेयर की कीमतों में उतार-चढ़ाव, वॉल्यूम, ओपन इंट्रेस्ट आदि शामिल हैं। इसके आधार पर यह बताया जाता है कि भविष्य में शेयर की दिशा क्या होगी।

तकनीकी विश्लेषक फंडामेंटल आंकड़ों को नजरअंदाज करते हैं। इसकी वजह यह नहीं है कि इनकी प्रासंगिकता नहीं होती, बल्कि यह है कि बाजार इन आंकड़ों पर पहले ही गौर कर चुका होता है। इसलिए दोबारा उनके विश्लेषण की जरूरत नहीं पड़ती है। इस मेथड का पहला सिद्धांत यह है कि 'कीमत में हर चीज शामिल होती है।'

यह बताना मुश्किल है कि दोनों में से कौन बेहतर है। इसकी वजह यह है कि तकनीकी विश्लेषण छोटी अवधि की ट्रेडिंग और निवेश के मामले में कारगर है। फंडामेंटल एनालिसिस लंबी अवधि के निवेश में उपयोगी है। चूंकि, दोनों मेथड फायदेमंद हैं, इसलिए ज्यादातर ब्रोकर्स फर्में दोनों का इस्तेमाल करती हैं।

सफल निवेशक दोनों ही विश्लेषणों का प्रयोग करते हैं। फंडामेंटल विश्लेषण बताता है कि किन-किन शेयरों में निवेश के आसार हैं, जबकि तकनीकी विश्लेषण बताता है कि इनमें कब पैसा लगाने से मुनाफा बढ़ाया जा सकता है।

जैसा कि हमने पहले भी बताया है कि जैसे एक घर का खर्च चलाने के लिए न सिर्फ वर्तमान वस्तुओं की कीमतों का आंकलन करना पड़ता है, बल्कि भविष्य में होने वाली बढ़ोतरी के बारे में भी ध्यान रखते हैं। एक उदाहरण से आप समझ सकते हैं मेरी एक मित्र ने गाड़ी खरीदने का प्लान बनाया। उसने गाड़ी का चयन भी कर लिया, लेकिन एक मित्र ने उसे सलाह दी कि पेट्रोल बहुत महंगा है। अतः सीएनजी वाली गाड़ी ही लेना। उसने ऐसा ही किया। क्योंकि उसकी जरूरत स्थानीय थी। इसका मतलब यह है कि शेयर बाजार की जाँच-पड़ताल सिर्फ और सिर्फ बाजार के अनुसार ही न करें, बल्कि अपनी जरुरत के हिसाब से भी करते रहें।

23. अंतरराष्ट्रीय निवेश और विविधता

> सफलता सरल है। जो सही है वो करो, सही तरीके से करो, सही समय पर करो। -**अर्नाल्ड एच. ग्लासगो**

आज की दुनिया बहुत छोटी हो गयी है। सभी देशों की अर्थव्यवस्थायें आज एक दूसरे के साथ ऐसे घुलमिल गयी हैं, जैसे एक परिवार सत्ता होती थी। आज यदि किसी देश में संकट आता है तो वो सिर्फ एक देश तक सीमित नहीं रहता। बल्कि पूरी दुनिया में उसका प्रत्यक्ष/अप्रत्यक्ष प्रभाव पड़ता ही है। ऐसे समय में शेयर बाजार तो वैसे भी वेशिक होता है। उसमें काम करने वाली दुनिया की बड़ी पूंजी लगी रहती है। जब एक बार निवेशक शेयर बाजार में अपना निवेश करना चाहता है तो उसे एक बार अंतरराष्ट्रीय फंडों के बारे भी जरूर सोचना चाहिए।

निवेश सलाहकारों का कहना है कि पोर्टफोलियों में विविधता (Diversification) लाने के लिए निवेशकों को दूसरे देशों के म्यूचुअल फंडों में निवेश करना चाहिए। वे फीडर फंडों या अंतरराष्ट्रीय फंडों में निवेश कर यह काम कर सकते हैं। ये फंड दूसरे देश के शेयरों या फिक्सड इनकम सिक्योरिटी में निवेश करते हैं।

बहुत लोगों में छुट्टियों में विदेश जाने की चाहत बढ़ रही है। कई बच्चे भी विदेश में उच्च शिक्षा हासिल करना चाहते हैं। ऐसे में पोर्टफोलियो में भौगोलिक रूप से विविधता लाना समझदारी है। साथ ही कभी भारतीय अर्थव्यवस्था का प्रदर्शन अच्छा नहीं रहने पर ये विदेशी फंड आपको अच्छा रिटर्न दे सकते हैं। ऑटोमोबाइल, टेक्नोलॉजी, इंटरनेट की कई वैश्विक कंपनियां अमेरिका और यूरोप से आती हैं। इंटरनेशनल फंडों में निवेश आपको इस तरह की दिग्गज कंपनियों में निवेश का अवसर देता है।

भारतीय निवेशकों के लिए कई प्रकार के इंटरनेशनल फंड बाजार में मौजूद हैं। इस श्रेणी के फंड मुल्क आधारित, क्षेत्र आधारित अथवा थीम आधारित हो सकते हैं, जो क्रमशः किसी मुल्क (अमेरिका, ब्राजील आदि), निश्चित क्षेत्र (यूरोपीय संघ) या विषय (टेक्नोलॉजी आदि) में निवेश करते हैं। बतौर भारतीय निवेशक आप इन फंडों में भारतीय रुपये में निवेश कर सकते हैं। आप फंड का चयन करने के बाद भुगतान चेक से रुपये में कर सकते हैं। इन फंडों में ऑनलाइन निवेश भी किया जा सकता है।

भारतीय निवेशकों को इंटरनेशनल निवेश ऑफर करने वाले फंड दो तरीकों से विदेशी बाजार में निवेश करते हैं। पहला, वे सीधा विदेशी बाजार के शेयरों में निवेश कर सकते हैं। दूसरा, वे किसी विदेशी फंड में निवेश कर सकते हैं। इसे फीडर रूट कहा जाता है।

शेयरों में निवेश के जोखिम के साथ-साथ इंटरनेशनल फंडों के साथ करेंसी के उतार-चढ़ाव का जोखिम भी जुड़ा हुआ है। यह जोखिम विदेशी बाजार में घरेलू करेंसी की वैल्यू घटने या बढ़ने के कारण पैदा हो सकता है। घरेलू निवेशक रुपये में निवेश करते हैं, मगर फंड्स को विदेशी मुद्रा में निवेश करना पड़ता है। इस वजह से निवेशकों को इन फंडों के प्रति अधिक सचेत रहने की जरूरत होती है। उनकी नेट एसेट वैल्यू (NAV) काफी

हद तक प्रभावित हो सकती है। उदाहरण के लिए यदि डॉलर की तुलना में रुपये में कमजोरी आती है, तो अमेरिकी फंडों में निवेश करने वालों को लाभ होगा। इसका उलटा भी हो सकता है।

इंटरनेशनल फंडों पर टैक्स के नियम डेट म्यूचुअल फंड्स की तरह हैं। तीन साल की अवधि तक बनाए रखने पर निवेशकों को शॉर्ट टर्म कैपिटल गेन टैक्स चुकाना होता है। यह कर कमाए गए मुनाफे पर अपने टैक्स स्लैब के आधार पर दिया जाता है। तीन साल से अधिक की अवधि तक बनाए रखने पर निवेशकों को कमाए गए मुनाफे पर 20 फीसदी का लॉन्ग टर्म कैपिटल गेन टैक्स चुकाना पड़ता है। इस पर इंडेक्सेशन का लाभ भी दिया जाता है।

24. शेयर बाजार : तेजी, निवेश और सावधानियाँ

> आपकी जिन्दगी के सबसे अच्छे साल वो होते हैं जिसमें आप डिसाइड करते हैं कि आपकी प्रॉब्लम्स आपकी अपनी हैं। आप उनका दोष अपनी माँ, इकोलॉजी या प्रेसिडेंट को नहीं देते। आप रियलाइज करते हैं कि आप अपनी किस्मत को खुद कंट्रोल करते हैं। –**अल्बर्ट एलिस**

देखने में आता है कि दुनिया की सबसे अधिक दुर्घटनाएं तेजी से होती हैं। मतलब स्पीड के कारण होती हैं। मतलब जल्दबाजी के कारण भी होती हैं। शेयर बाजार में भी जब तेजी आती है तो निवेशकों के चेहरे खिल जाते हैं। और बहुत सारे लोग इसी तेजी का शिकार भी हो जाते हैं। इसका मतलब यही है कि तेजी चाहे किसी भी क्षेत्र की हो दुर्घटना की संभावना बनी रहती है। इसलिए शेयर बाजार के निवशकों को संभल कर कदम रखने होंगे।

बैलेंस्ड फंड में डिविडेंड के लिए निवेश बैलेंस्ड फंड निवेश के लिए बेहतरीन विकल्प है। इसमें सुरक्षा के साथ इक्विटी से कमाई का मौका मिलता है। इन्हें लोगों को डिविडेंड ऑप्शन के लालच के साथ बेचा जाता है। बहुत से बैलेंस्ड फंड पहले सालाना डिविडेंड देते थे, अब तिमाही या मासिक डिविडेंड दे रहे हैं। निवेशकों के हाथ में ये डिविडेंड टैक्स फ्री हैं, इस हिसाब से निवेशकों को ये टैक्स फ्री आमदनी के विकल्प के रूप में बेचे जा रहे हैं।

ये डिविडेंड सालों कमाई गयी सरप्लस रकम के रूप में निवेशकों को दी जाती है। इसमें मिलने वाली रकम कितनी होगी, इसकी कोई गारंटी नहीं

है। अगर कोई निवेशक इस भरोसे ही बैलेंस्ड फंड में निवेश करता है तो वह सही नहीं है। प्लान रूपी इन्वेस्टमेंट सर्विसेज के संस्थापक अमोल जोशी ने कहा, 'किसी इक्विटी ओरिएंटेड फंड में निवेश सिर्फ मासिक आमदनी के लिहाज से बहुत गलत फैसला है।'

अगर आप इस समय किसी इक्विटी फंड में सिप शुरू करना चाहते हैं तो दोबारा सोच लें। आपको इस निवेश से मुनाफा कमाने के लिए लंबी अवधि तक फंड में बने रहना पड़ सकता है।

म्यूचुअल फंड में निवेश बढ़ने के साथ ही अब उनके रकम की निकासी भी बढ़ी है। इंडस्ट्री के आंकड़े बताते हैं कि इक्विटी फंड से निवेशकों द्वारा करोड़ों की निकासी साल दर साल बढ़ रही है।

बहुत से निवेशकों ने स्कीम बेच दी, जबकि कुछ निवेशकों ने सिप रोक दिया है। लंबी अवधि में यह नुकसान का सौदा हो सकता है। शेयर बाजार में कमजोरी की आशंका बनी हुई है। पिछले कुछ साल में मुनाफा बना चुके निवेशकों के लिए यह एक झटके की तरह हो सकता है। अगर कमजोरी की आशंका में आपने अपना पोर्टफोलियो भुना लिया तो आप कंपाउंडिंग के फायदे से चूक सकते हैं। किसी लक्ष्य के लिए आप रकम जुटाने से भी चूक सकते हैं।

मिड या स्माल कैप में अधिक निवेश (एक्सपोजर) पिछले तीन साल में मिड कैप का रिटर्न 23 और स्माल कैप का 17 फीसदी रहा है। इस फंड ने मल्टी और लार्जकैप फंड के प्रदर्शन को काफी पीछे छोड़ दिया है। इस वजह से बहुत से निवेशक इनमें निवेश के लिए आगे आ रहे हैं। गेटिंग यू रिच के संस्थापक रोहित शाह ने कहा, 'निवेशक मिड और स्माल कैप के पिछले प्रदर्शन को देखते हुए सिर्फ इनमें ही एक्सपोजर चाहते हैं।' विशेषज्ञों की सलाह है कि इस सेगमेंट से अब एक्सपोजर कम करना चाहिए। इस सेगमेंट में वैल्युएशन काफी बढ़ा हुआ है।

कुछ लोग आम तौर पर कम रेटिंग वाले कॉरपोरेट बांड में निवेश करते हैं। वे क्रेडिट रेटिंग बढ़ने की उम्मीद वाले बांड में निवेश के मौके तलाशते हैं। इस तरह के फंड से बेहतरीन रिटर्न की वजह से निवेशक इस सेगमेंट की तरफ आशा भरी नजरों से देख रहे हैं। मनी वर्क्स फाइनेंशियल एडवाइजर्स के संस्थापक निसरीन मामाजी ने कहा, 'बांड फंड के निवेशकों

को सुरक्षित खेलना चाहिए। क्रेडिट अपरचुनिटिज फंड में जाना इस समय बेमतलब जोखिम उठाना है।'

निवेशकों की उम्मीद पर हालांकि ये खरे नहीं उतरे हैं। समय पर फंड मैनेजर के कॉल नहीं ले पाने की वजह से निवेशक उनमें फंस गए हैं। आप भी डेट फंड के विकल्प के रूप में डायनामिक बांड फंड में निवेश न करें।

बिना सलाहकार की जानकारी के डायरेक्ट प्लान में स्विच करना, म्यूचुअल फंड के डायरेक्ट प्लान के निवेशकों को बेहतर रिटर्न मिला है। इसमें आप फंड हाउस से सीधे प्लान खरीद सकते हैं। इसमें खर्च कम होता है। लेकिन जरूरी है कि स्विच करने से पहले आप इस बारे में किसी सलाहकार से संपर्क करें। अगर आप खुद यह करेंगे तो सही फंड चुनने में कोई भी गलती आप पर बहुत भारी पड़ सकती है।

जैसा कि पहले भी हमने जिक्र किया है। मार्किट में तेजी के समय बहुत लोग ज्यादा से ज्यादा पैसा कमाना चाहते हैं। इस आपाधापी में बहुत सारे लोग जोखिम मोल लेते हैं। शेयर बाजार का मामला भेड़चाल वाला नहीं, बल्कि बहुत ही सावधानियां बरतने वाला होता है। कम से कम तब जब आप तेजी के समय अधिक मुनाफा कमाना चाहते हैं। निवेशक की सतर्कता ही सुरक्षा कवच का काम करती है।

25. शेयर बाजार : गलतियों से बचाव

> आपको हर सुबह डिटर्मिनेशन के साथ उठना होगा अगर आप हर रात सैटिसफैक्शन के साथ बिस्तर पर जाना चाहते हैं। **-जॉर्ज लोरिमर**

जो लोग कारोबार करते हैं उनके लिए एक कहावत हमेशा लागू होती है कि मंदी हो या तेजी, उनके लिए ये दोनों अवसर ही मुनाफा वसूली के लिए होते हैं। इसीलिए निवेशकों के सामने ऐसे अवसर हमेशा आते-जाते रहेंगे। इनसे बचकर कोई भी निवेशक मुनाफा नहीं कमा सकता।

जैसा कि आप अक्सर देखते हैं कि नए शिखर पर पहुंचने के बाद शेयर बाजार में तेज गिरावट आई। इससे निवेशक घबरा जाते हैं। मार्केट विश्लेषकों का कहना है कि बाजार आने वाले समय में फिसल सकता है। ऐसा देखा गया है कि जब मार्केट में सुधार शुरू होता है, तभी निवेशक सबसे बड़ी गलतियां करते हैं। इन गलतियों की उन्हें भारी कीमत चुकानी पड़ती है। ऐसी आम गलतियों के बारे में बता रहे हैं, जिनसे निवेशकों को अभी बचना चाहिए।

निवेशक एक कीमत तय करते हैं और उस लेवल तक वे शेयर को होल्ड किए रहते हैं। आमतौर पर यह प्राइस शेयर की खरीद कीमत होती है। कुछ मामलों में यह स्टॉक का ऑल टाइम हाई प्राइस भी हो सकता है। निवेशक इस लेवल को ध्यान में रखकर किसी शेयर में बने रहने या निकालने का फैसला करते हैं। हालांकि, गिरते हुए बाजार में खास प्राइस का मोह भारी पड़ सकता है। इस वजह से निवेशक उससे अधिक समय तक शेयर को होल्ड करते हैं, जितने समय तक उन्हें करना चाहिए था। शेयर प्राइस में कई वजहों से गिरावट आ सकती है, लेकिन निवेशक खास प्राइस के मोह में शेयर को होल्ड किए रहते हैं।

अगर आपने कोई शेयर खरीदा है और उसकी कीमत कम हो जाती है तो एवरेज बाइंग प्राइस कम करने के लिए और शेयर मत खरीदिए। निवेशक कम कीमत पर शेयर खरीदकर अपना लॉस घटाने की कोशिश करते हैं। हालांकि, गिरते हुए बाजार में यह रणनीति अच्छी नहीं है। अगर आपने कोई गलत शेयर खरीद रखा है तो उसमें काफी गिरावट आ सकती है। अगर आप बीच में वह शेयर और खरीदते हैं तो उसके और नीचे जाने पर आपका नुकसान बढ़ेगा। इस बारे में सेंट्रम वेल्थ के चीफ इनवेस्टमेंट ऑफिसर कुंज बंसल ने बताया कि एक खराब स्टॉक में और पैसा लगाने में कोई समझदारी नहीं होती। उन्होंने कहा, "अगर आपने जिस स्टॉक में निवेश किया है, वह अच्छी क्वॉलिटी का है तो दाम कम होने पर उसमें निवेश बढ़ाया जा सकता है। इसके अलावा, किसी भी सूरत में गिरावट आने पर शेयर में निवेश नहीं बढ़ाना चाहिए।"

जब शेयर प्राइस में गिरावट आती है तो लोग इनवेस्टमेंट और रिसर्च रिपोर्ट्स खंगालने लगते हैं। वे इनमें ऐसे संकेत ढूंढते हैं, जिनसे उनकी सोच सही साबित हो। वे उन तथ्यों की अनदेखी करते हैं, जिनसे उनकी सोच गलत साबित हो सकती है। बाजार में सुधार वाले दौर में यह ट्रेंड कुछ ज्यादा ही देखा जाता है। हालांकि, इससे निवेशक गलत फैसले करता है।

अगर आपने कोई शेयर खरीदा है और उसके बारे में नेगेटिव न्यूज आती है तो उस पर गौर करना चाहिए। जो स्टॉक्स आपके पोर्टफोलियो में हैं, उन्हें लेकर आपको भावनाओं में नहीं बहना चाहिए।

अगर किसी शेयर की कीमत 52 हफ्ते के लो लेवल पर पहुंच जाती है तो गिरते हुए बाजार में कुछ निवेशक वैल्यू इनवेस्टमेंट करने लगते हैं। वे ऐसे शेयरों की तलाश करने लगते हैं, जिनकी कीमत 52 हफ्ते के लो पर पहुंच गई है। उन्हें लगता है कि ऐसे शेयर में पहले ही गिरावट आ चुकी है, इसलिए उनमें निवेश करने पर अच्छा रिटर्न मिल सकता है। हालांकि, इनमें से कुछ स्टॉक्स 'वैल्यू ट्रैप' साबित हो सकते हैं। इस बारे में ओम्नीसाइंस कैपिटल के सीईओ विकास गुप्ता ने बताया, "52 हफ्ते का लो किसी स्टॉक को रिसर्च करने की वजह हो सकता है, लेकिन सिर्फ कीमत देखकर ऐसे शेयर में निवेश करना अच्छा नहीं होता।"

गिरते बाजार में कई ब्रोकर्स हाउस निवेशकों को लीवरेज पर दांव लगाने को कहते हैं। हालांकि, इस प्रकार के दांव में नुकसान का खतरा अधिक होता है। ऐसे में अस्थिर बाजार में इस तरह के निवेश से जितना संभव हो बचा जाना चाहिए। पैसा उधार लेकर निवेश करना कोई खास समझदारी नहीं। इस तरह का दांव तभी कारगर है, यदि आपका निवेश उधार ली गई रकम पर दिए जा रहे ब्याज से अधिक रिटर्न दे, जो गिरावट के बाजार में काफी मुश्किल है। इसके साथ ही आपको निवेश की समयावधि पर भी ध्यान देना होगा।

मार्केट में एक बड़ी गिरावट निवेशकों के बीच अफरातफरी मचाने के लिए काफी होती है। कई निवेशक ऐसे बाजार में और पैसा लगाने के लिए लोभित होते हैं, तो वहीं कुछ निवेशकों का मानना है कि ऐसी स्थिति में बाजार से पैसा निकाल लेना ही समझदारी का सबूत है। बाजार में सुधार के दौरान निवेशक अपनी योजनाओं को दरकिनार कर अकसर देखा-देखी वाला निवेश करते हैं। टीबीएनजी कैपिटल एडवाइजर्स के संस्थापक और सीईओ तरुण बिरानी कहता है, "ऐसे समय में निवेशक धैर्य गंवा देते हैं और फिर पैसा गंवाने लगते हैं। बेहतर होगा कि अपने लॉन्ग टर्म फाइनेंशियल गोल्स पर ध्यान दिया जाए।"

कई छोटे निवेशक बाजार में गिरावट आने पर अक्सर एसआईपी रोक

देते हैं। हालांकि, सच तो यह है कि मंदी के बाजार में एसआईपी के जरिये किए गए निवेश पर अधिक रिटर्न मिलने की संभावना होती है। बाजार में करेक्शन होने पर एसआईपी की उसी रकम में आपको म्यूचुअल फंड्स की अधिक यूनिट मिलती हैं। इससे मार्केट में रिकवरी होने पर आपको अधिक रिटर्न मिलता है। एसआईपी को करेक्शन होने पर अगर आप रोकते हैं तो इससे इसका मकसद ही पूरा नहीं होता। एसआईपी में लंबे समय तक बाजार में बने रहना जरूरी है।

म्यूचुअल फंड आपके जोखिम को कम करते हैं, मगर कई बार रिटेल निवेशक भी म्यूचुअल फंड की राह पर चलते हुए अपने पोर्टफोलियो में विविधता लाने की कोशिश करते हैं। कई निवेशक एक सेक्टर की कई कंपनियों में एक साथ निवेश करते हैं। इस तरह की गलती, आपके पैसे

को जोखिम में डालती ही है, साथ ही आपके पोर्टफोलियो को भी कमजोर करती है। पोर्टफोलियो में विविधता अच्छी बात है, मगर इसमें समझदारी दिखाने की जरूरत है। एक साथ कई नावों की सवारी आपको डूबो भी सकती है।

अब आप समझ गये होंगे कि निवेशकों की समझदारी ही उनको जोखिम में भी मुनाफा कमवा सकती है और थोड़ी-सी लापरवाही भी उनका पैसा डुबो सकती है। इसलिए किसी भी प्रलोभन में पड़ने की बजाय तार्किक रूप से निवेश की प्लानिंग करें और सही समय पर सही फैसला लें।

एक बहुत बड़े मनोवैज्ञानिक रहे हैं उन्होंने अपनी अवधारण में समझाया कि गलतियाँ करना मानव स्वभाव का अभिन्न अंग है। गलतियाँ करके भी मानव समाज आज आधुनिक सभ्यता तक पहुंचा है लेकिन एक बात हमेशा याद रखनी चाहिए समय काल के अनुसार गलतियों को नहीं दोहराना चाहिए। किसी ने ठीक ही कहा है, हाथ जलाकर अनुभव करने वाले मूर्ख ही होते हैं। इसी लिए शेयर बाजार में छोटी-सी भी गलती आपकी पूंजी को तबाह कर सकती है।

26. शेयर बाजार : आदर्श पोर्टफोलियो

> अगर आप एक आसान काम को बहुत कठिन बनाना चाहते हैं, तो बस उसे टालते रहिये। **-ओलिन मिलर**

मानव के जीवन में सफल निवेशक वही माना जाता है जिसने अपने समय की चुनौतियों का सामना डटकर किया। चुनौतियों का सामना वह व्यक्ति कर सकता है, जिसने भविष्य को लेकर अपनी पूरी प्लानिंग की हुई हो। ऐसा भी हो सकता है कि प्लानिग कभी-कभी फेल भी हो जाती है। इसलिए एक सफल निवेशक को कई प्लान एक साथ रखने होते हैं। तब जाकर वह अपनी योजना के माध्यम से सफल निवेशक बन सकता है।

पैसा बनाने की प्रक्रिया अल्पकालिक हो सकती है, लेकिन इसे बनने में समय लगता है। इसके लिए धैर्य के साथ जानकारी की आवश्यकता होती है। यानी एक सशक्त पोर्टफोलियो तैयार करना पड़ता है।

वक्त के साथ पैसा बनाने के लिए स्टॉक मार्केट में निवेश एक विश्वसनीय तरीका हो सकता है। हालांकि कई ऐसे लोग हैं जो शेयर बाजार में निवेश से बचते हैं। उन्हें लगता है कि यह बेहद खतरनाक है। जबकि हकीकत यह है कि शेयरों में नियमित रूप से निवेश कर काफी कारगर तरीके से धन अर्जित किया जा सकता है। वैसे, इसके लिए आपको चतुराई से काम लेना होगा। स्टॉक मार्केट में निवेश के सबसे उपयुक्त तौर-तरीकों की जानकारी हासिल करनी होगी। याद रखिए, पैसा बनाने की प्रक्रिया भले ही अल्पकालिक हो, लेकिन पैसा बनने में लंबा समय लगता है।

पूंजी के सृजन के लिए धैर्य के साथ जानकारी की आवश्यकता होती है। इसके लिए एक सशक्त पोर्टफोलियो तैयार करना पड़ता है। व्यक्तिगत निवेशक के तौर पर सबसे पहले आपको यह जानना चाहिए कि अपने वैयक्तिक लक्ष्यों और रणनीतियों के हिसाब से सर्वश्रेष्ठ असेट आवंटन किस

तरह किया जाए। दूसरे शब्दों में आपका व्यक्तिगत विशिष्ट पोर्टफोलियो आपकी भविष्य की जरूरतों के साथ ऐसा होना चाहिए जिससे मन की शांति सुनिश्चित हो। यह जितना उनके लिए महत्वपूर्ण है, जिनके पास एक दर्जन कंपनियां हैं, उतना ही उनके लिए भी जिनके पास महज सौ रुपये के शेयर हैं।

यह सही है कि निश्चित अवधि में पर्याप्त रिटर्न देने वाले आदर्श अथवा मॉडल पोर्टफोलियो बनाने के लिए अनेक बातों का ध्यान रखना पड़ता है। इनमें आयु के अलावा निवेश की अवधि, निवेश राशि तथा भविष्य में वांछित राशि आदि शामिल हैं। आम तौर पर ज्यादा जोखिम उठा सकने वाले लोग ज्यादा आक्रामक पोर्टफोलियो बनाने के लिए इक्विटी में अधिक और बांड तथा अन्य फिक्सड इनकम सिक्योरिटी में कम राशि का निवेश करते हैं।

इक्विटी आवंटन का सबसे ज्यादा कामयाब और लोकप्रिय अनुपात 100 में आयु को घटाकर प्राप्त किया जाता है। उदाहरण के लिए यदि मेरी आयु 35 है तो किसी भी एक वक्त पर मेरा इक्विटी में निवेश 60–65 प्रतिशत होगा। दमदार पोर्टफोलियो बनाना व्यक्तिगत निवेशकों के लिए असंभव नहीं है। यह मुसीबत के वक्त आपके निवेश को सुरक्षित रखता है। इसलिए अपनी खोजबीन उन उद्योगों या सेक्टरों पर केंद्रित करें जिनमें आप निवेश

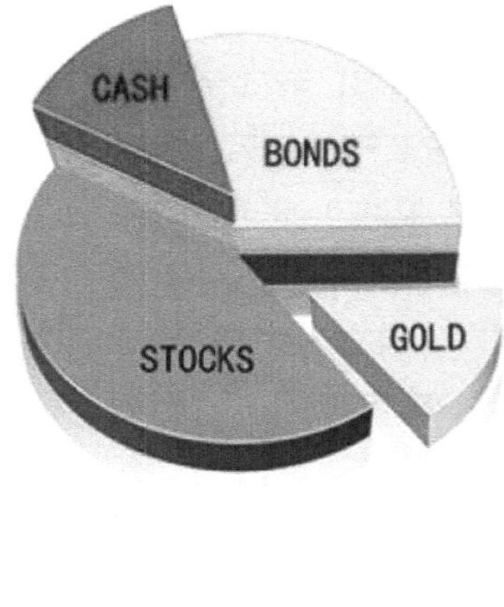

करना चाहते हैं। जैसे कि एफएमसीजी, टेक्नोलॉजी, इलेट्रॉनिक्स, केमिकल्स आदि। सेक्टर का चुनाव करने के बाद आकार (मार्केट कैपिटलाइजेशन) तथा उसकी इक्विटी पर पूर्व में प्राप्त रिटर्न के रिकॉर्ड के अनुसार कंपनियों का चुनाव करें।

इसके लिए आप उद्योग/सेक्टर, मार्केट कैपिटलाइजेशन तथा ग्रोथ अनुपात आदि को पैमाना बना सकते हैं। इस पड़ताल के आधार पर आप कंपनियों की एक सूची बना सकते हैं। गूगल के जरिये आपको निवेश अवसरों के बारे में तमाम जानकारियां मिल जाएंगी। इसके अलावा ऐसे अनेक टूल भी उपलब्ध हैं जिनके माध्यम से किसी भी सेक्टर, कंपनी, उसके कैपिटलाइजेशन, स्थान, शेयरहोल्डिंग आदि के बारे में सारी सूचनाएं प्राप्त की जा सकती हैं। एक दशक पहले ये जानकारियां जुटाना कठिन था। लेकिन अब यह काफी आसान हो गया है।

इसके लिए मोटे तौर पर यह फार्मूला अपनाया जाता है : करीब 50 प्रतिशत निवेश ब्ल्यूचिप अथवा सुस्थापित कंपनियों में करें। इसके बाद

बची रकम में से मिड-कैप कंपनियों के आगामी शेयरों में तथा शेष 25 प्रतिशत अपेक्षाकृत अनजान छोटी कंपनियों में लगाएं। हर स्टॉक में जोखिम को यथासंभव कम करने की कोशिश होनी चाहिए। हमेशा ऐसी कंपनियों के स्टॉक में पैसा लगाएं जिनका कैश-फ्लो पेबैक पीरियड कम हो। प्रत्येक कंपनी की वित्तीय स्थिति अथवा बैलेंसशीट ऐसी होनी चाहिए ताकि वह अनपेक्षित बदलावों से उत्पन्न होने वाले उच्च स्तरीय वित्तीय एवं ऑपरेटिंग विविधताओं का सामना कर सके।

पोर्टफोलियो बनाने की असली चुनौती होल्डिंग पीरियड में आय को अधिकतम बढ़ाने की है। एक निवेशक के तौर पर आपका लक्ष्य बस इतना होना चाहिए कि समझ में आने वाले किसी ऐसे व्यवसाय में तर्कसंगत मूल्य पर खरीदारी करें जिसकी आय में अगले पांच, 10 या 20 वर्षों में बढ़ोतरी लगभग तय हो। वक्त के साथ आपको पता चलेगा कि केवल चंद कंपनियां ही इन मानकों पर खरी उतरती हैं। इसलिए जब ऐसी कोई कंपनी निगाह में आए तो आप उसके पर्याप्त शेयर खरीद लें।

यदि मंशा दीर्घकालिक शेयरों में है तो एक वक्त में आपके पास मार्केट कैपिटलाइजेशन, प्रॉफिट सीएजीआर, रिटर्न के मुकाबले निवेश में जोखिम आदि मानकों के आधार पर चुनी गई अधिकतम 5-10 कंपनियों के स्टॉक्स (प्रति कंपनी) ही होने चाहिए। निश्चिय ही विविधीकरण के लिए आप इससे ज्यादा कंपनियों के स्टॉक्स भी पोर्टफोलियो में शामिल कर सकते हैं। यदि चुनाव सही नहीं हुआ तो चाहे आप 15 या उससे भी ज्यादा कंपनियों के शेयर खरीद लें, परिणाम वही रहेगा।

- करीब 50 प्रतिशत निवेश ब्ल्यूचिप या सुस्थापित कंपनियों में करें।
- ऐसे स्टॉक में पैसा लगाएं जिनका कैश-फ्लो पेबैक पीरियड कम हो।
- प्रत्येक कंपनी की वित्तीय स्थिति अथवा बैलेंसशीट को देखें।
- आक्रामक पोर्टफोलियो बनाने के लिए इक्विटी में अधिक और बांड तथा अन्य फिक्सड इनकम सिक्योरिटी में कम राशि का निवेश करें।
- आयु, निवेश की अवधि, निवेश राशि व भविष्य में वांछित राशि का ध्यान रखें।

एक विविध पोर्टफोलियो के फायदे

विविधीकरण आपको विभिन्न प्रकार के स्टॉक चुनने की स्वतंत्रता देने में मदद करता है। आपको अपने द्वारा चुने गए सभी शेयरों में असाधारण करने की आवश्यकता है। यदि अधिकांश स्टॉक अच्छी तरह से प्रदर्शन कर रहे हैं, तो आपका पोर्टफोलियो कुल मिलाकर लाभ में होगा। पौराणिक निवेशक वॉरेन बफेट कहते हैं, 'आपको केवल अपने जीवन में बहुत ही कम चीज करना है जब तक कि आप बहुत सी चीजें गलत नहीं करते हैं।'

कभी-कभी कुछ क्षेत्र कम प्रदर्शन करते हैं और जिसके कारण स्टॉक कम प्रदर्शन करेगा। कहें, अगर बैंक क्षेत्र प्रदर्शन नहीं कर रहा है तो आपका बैंक स्टॉक नुकसान में होगा। हालांकि, यह बहुत कम संभावना है कि अन्य सभी क्षेत्र (आईटी, ऑटो, एफएमसीजी इत्यादि) एक ही समय में प्रदर्शन नहीं करेंगे। ऐसे समय के दौरान, विविधीकरण आपको अन्य क्षेत्रों के शेयरों को रोकने में लाभ रखने में मदद कर सकता है।

इसके अलावा, अगर कुछ अप्रत्याशित कारणों से, आपके स्टॉक में से कोई भी अच्छा प्रदर्शन नहीं कर रहा है, लेकिन आपको विश्वास है कि यह भविष्य में अच्छा प्रदर्शन करेगा, फिर भी आप अपने अन्य अच्छे प्रदर्शन करने वाले शेयरों की हिस्सेदारी पर स्टॉक रख सकते हैं। आपको बस लाभ उठाने और लाभ में समग्र होने की आवश्यकता है। अविभाजित मामले में, यदि आपका स्टॉक प्रदर्शन नहीं कर रहा है, तो आप कुल नुकसान में होंगे और जो आपको उस संभावित स्टॉक को बेचने के लिए प्रेरित कर सकता है।

27. शेयर : कब, क्यों, कहाँ और कैसे खरीदें और बेचें?

> पहले खुद से प्यार करिए और बाकी सब कुछ ठीक हो जाएगा। इस दुनिया में कुछ भी करने के लिए आपको सचमुच खुद से प्यार करना होगा। **–लूसिले बॉल**

शेयर बाजार के निवेशक को एक किसान की तरह होना चाहिए, जो मौसम में होने वाले बदलाव के अनुसार फसल चयन करता है। क्या, कब और कौन-सी फसल बोनी है यह किसान पर निर्भर नहीं करता है। बल्कि मौसम ज्यादा प्रभावित करता है। इसलिए शेयर बाजार के लिए कब, क्यों, कहाँ और कैसे एक बुनियादी सवाल है जिसे प्रत्येक निवेशक को समझना पड़ेगा।

कब, क्यों, कहाँ और कैसे ये प्रश्न लगभग सभी के जेहन में आते हैं कि शेयर बाजार को कैसे सीखें और कब, क्यों, कहाँ और कैसे निवेश करना चाहिये? सब केवल यही समझते हैं कि यह केवल चार्टर्ड एकाउंटेन्ट या फिर वही व्यक्ति समझ सकते हैं जो फाइनेंस के बारे में जानते हैं। मेरे अनुसार तो ऐसा बिल्कुल भी नहीं है, और मैंने कई लोगों को देखा है, जिनकी फाइनेंस के बारे में जानकारी शून्य है और वे बहुत अच्छा खासा शेयर बाजार में निवेश करके बढ़िया पैसा बना रहे हैं।

मतलब कि बाजार गिर रहा है या बढ़ रहा है, तो आपको समझ में आना चाहिये, अगर बाजार गिर रहा है तो आपको अभी खरीदने से बचना चाहिये, जब अच्छे भाव आ जायें यानी कि भाव कम हो जायें किसी भी शेयर के जो आप खरीदना चाहते हैं तो उनको खरीद लें। वैसे ही जब बाजार चढ़ रहा है तो आपको बहुत से शेयर खरीदने से बचना चाहिये क्योंकि थोड़े से

भी करेक्शन में शेयर अच्छे खासे टूट सकते हैं, तो आपको अपने टार्गेट के अनुसार शेयर बेच देना चाहिये।

आप किसी भी शेयर को जब भी खरीदते हैं तो हमेशा बेचने के लिये ही खरीदते हैं, सोचते हैं कि बस अब शेयर जब बढ़ जायेगा तब हम बेचकर लाभ ले लेंगे। तो बेचने के भाव से खरीदने के भाव को घटाना आना चाहिये और ब्रोकर्स की गणना करनी आनी चाहिये। वैसे तो आजकल सब कुछ कंप्यूटरीकृत है तो ब्रोकर्स की गणना में गलतियों की संभावना न के बराबर होती है। लाभ से आपको अपने शेयरों के नंबर में गुणा करना आना चाहिये।

अगर आपको कंप्यूटर चलाना नहीं आता है और आप शेयर बाजार में ट्रेडिंग करना चाहते हैं तो आजकल लगभग सभी ब्रोकर्स हाऊसेस की मोबाईल एप उपलब्ध हैं, आप एप्प से ट्रेडिंग कर सकते हैं, और यह बहुत आसान व सुरक्षित भी है। आपको पहले अपने ऑनलाईन बैंक एकाऊँट से पैसा ब्रोकर के खाते में जमा करना होगा, तो ब्रोकर आपके ट्रेडिंग एकाऊँट में उतनी रकम की लिमिट दे देगा। फिर आप ऑनलाईन शेयर खरीद सकते हैं।

अगर नये निवेशक हैं तो किसी भी अफवाह पर ध्यान न दें, जनरली ब्रोकर लोग बहुत से कचरा शेयरों के लिये बढ़ा-चढ़ाकर बताते हैं, और जिससे लाभ तो नहीं होता उल्टा नुक्सान हो जाता है। हमेशा ही अच्छी कंपनी के शेयर खरीदें, उन कंपनियों के शेयर खरीदें जिनके सामान आप दैनिक उपयोग में ला रहे हैं, जैसे कि टूथ पेस्ट, दाल, तेल, घी, शेविंग क्रीम, साबुन, कार, स्कूटर, बाईक इत्यादि। क्योंकि इन सामानों की बिक्री तो होनी ही है, जैसे आप इन सामानों का उपयोग कर रहे हैं, वैसे ही कई अन्य लोग अपने घरों में इनका उपयोग कर ही रहे होंगे, तो इसका मतलब है कि कंपनी की कमाई अच्छी है और वित्तीय रूप से मजबूत है।

आपके वित्तीय जीवन के लक्ष्यों को प्राप्त करने के लिये आपको शेयर बाजार में किसी न किसी तरह से जरूर निवेश करना चाहिये। अगर आप अपनी मेहनत की कमाई को केवल फिक्स रिटर्न वाले निवेश उत्पादों में ही लगाते रहेंगे तो आपकी बचत को तो मुद्रास्फीति ही खा जायेगी और आपकी लक्ष्य प्राप्त करने की अवधि बढ़ती जायेगी। अपने बेहतर भविष्य के लिये

कम से कम अपनी बचत का 20-25 प्रतिशत हिस्सा हर माह शेयर बाजार में सीधे या फिर म्यूचुअल फंड के जरिये जरूर निवेश करें।

यह सबसे बड़ा सवाल है कि कब खरीदें, मेरे हिसाब से तो खरीदने के लिये हर वक्त सही होता है, भले बाजार अपनी ऊँचाई पर हो या निम्नतम स्तर पर। बस आपका चुना हुआ शेयर अच्छा होना चाहिये, फिर बाजार के उतार-चढ़ाव से उसका कोई संबंध नहीं है। किसी सेक्टर से संबंधित अगर कोई अच्छी खबर आती है तो उन सेक्टरों के शेयरों के भाव बढ़ने की संभावना ज्यादा होती है।

यह एक बहुत बड़ा प्रश्न है, अच्छे-अच्छे निवेशक यहाँ पर फंस जाते हैं कि खरीदे हुए शेयरों को कब बेचें। कुछ निवेशक तो अपने अच्छे खासे मुनाफे को भी नहीं भुना पाते, वे सोचते हैं कि शेयर का भाव और बढ़ेगा और होता उल्टा है, तो उनको अपने मुनाफे से हाथ धोना पड़ता है। जब भी शेयर खरीदें तो अगर किसी निश्चित समय या निश्चित टार्गेट के लिये आप शेयर खरीद रहे हैं तो निश्चित करें कि आप अपनी लोअर व अपर लिमिट दोनों लगा लें, कि घाटा हो तो इतने में बेच देना है, यानी कि स्टॉप लॉस, और ऊपर जाये तो इतने मुनाफे के बाद बेच देना है। ज्यादा लालच हमेशा बुरा होता है, तो ज्यादा लालच न करें और अपने टार्गेट पर ध्यान दें, अगर कंपनी बाजार में उम्मीद से ज्यादा अच्छा कर रही है, तो अपने टार्गेट बढ़ा दें और उन पर ध्यान रखें।

चूंकि बाजार में प्रवेश करने और इससे निकलने के समय को आसानी से बताया नहीं जा सकता है, इसलिए निवेशक को खुद के लिए चीजों को थोड़ा आसान करना चाहिए। वह अपने निवेश को बनाए रखना चाहते हैं या उसे निकाल लेना चाहते हैं, यह उनके वित्तीय लक्ष्य पर निर्भर करना चाहिए। अगर निवेशक का लक्ष्य लंबी अवधि का है तो उन्हें शेयरों में अपने निवेश को बनाए रखना चाहिए। यह उन्हें बढ़ती महंगाई से बचाएगा। साथ ही उनकी पूंजी भी बढ़ जाएगी।

क्विटी से भले ही ज्यादा रिटर्न मिलते हो, लेकिन हर साल ये एक जैसे नहीं होते हैं। इनमें कमी-पेशी होती रहती है। अभी शेयर बाजार से निकलकर निवेशक तेजी से फायदा उठाने के मौके को गंवा सकते हैं। लंबे समय तक निवेश को बनाए रखकर ही वह इक्विटी से अच्छे रिटर्न की उम्मीद कर सकते हैं।

निवेश को बनाए रखने या इसे निकालने का निर्णय इस बात पर निर्भर करेगा कि निवेशक अपने लक्ष्यों के लिए ज्यादा रिटर्न चाहते हैं या नहीं। तेजी हो या गिरावट बाजार के हर दौर में निवेश करके वह औसत रिटर्न हासिल कर सकते हैं। निवेशक को केवल तभी शेयरों से पैसा निकाल लेना चाहिए जब वह यह मान लें कि शेयर बाजार उनके लिए नहीं हैं। अगर ऐसा नहीं है तो उन्हें अपने लक्ष्यों को हासिल करने के लिए निवेश को बढ़ाते रहना चाहिए। शेयर बाजार में बार-बार अंदर बाहर जाने से कोई खास लाभ नहीं होता है। निवेशकों को लगातार अपनी बचत का कुछ हिस्सा शेयरों में लगाते रहना चाहिए।

शेयर बाजार में एक निवेशक के लिए सबसे महत्वपूर्ण पहलू यही रहता है कि वह अपने शेयर कब, कहां, क्यों और कैसे खरीदें-बेचें? यदि इन सवालों के जवाब निवेशक को पता है तो वह कभी भी अपनी पूंजी नहीं गवा सकता।

28. शेयर बाजार : पैसा कमाना मुश्किल, नामुमकिन नहीं!

> नौसिखिये बैठे रहते हैं और इंश्पिरेशन का इंतजार करते हैं, बाकी हम सब बस उठते हैं और काम पर चल देते हैं।
>
> **–स्टीफन किंग**

किसी भी सफल निवेशक की कहानियां पढ़कर देख लीजिये। उन्होंने पहले एक सपना देखा, लोगों ने पहले उन्हें मना किया कि ऐसा सपना पूरा करना बहुत कठिन है। लेकिन सफल व्यक्ति कहता है कि नामुमकिन तो नहीं है। यहीं से आम आदमी और खास आदमी के बीच अन्तर नजर आने लगता है।

शेयर बाजार में पैसा कमाना उन लोगों के लिए कठिन है जो सिर्फ इसे एक पैसा कमाने के लिए बाजार देखते हैं। यदि निवेशक शेयर बाजार को अपने व्यापार का एक हिस्सा माने तो उसके नजरिये में तुरंत चेंज आ जाता है। निवेशक लंबे समय तक, पांच से दस सालों तक या उससे भी अधिक समय तक संभालें रखते हैं और दिन, महीना या साल बाजार मंदा हो तो शेयर बेचने के लालच को त्यागें। दीर्घकालीन बाजार की दिशा हमेशा ऊपर होगी। दूसरी तरफ, मुनाफा (बिक्री) के लालच से भी दूर रहें, यद्यपि आपका शेयर 50% या ज्यादा ऊपर चला गया हो तब भी। जब तक कंपनी की बुनियादी हालत ठीक है, तब तक अपने शेयर न बेचें जब तक कि शेयर बेचना आपके लिए मजबूरी न हो जाएं तभी बेचें, हालांकि, यदि शेयर की कीमत अपनी वैल्यू से ज्यादा बढ़ गई हो (इस चरण के स्टेप क्रमांक 3 को पढ़े) या बुनियादी बदलाव तब से आ गए हों जब से आपने शेयर खरीदे हों या कंपनी अब मुनाफे में न हो।

डॉलर कॉस्ट एवरेजिंग आपको मजबूर करता है कि आप सस्ता खरीदें तथा महंगा बेचें और यह साधारण एवं सशक्त रणनीति है। अपनी हर आमदनी का कुछ प्रतिशत शेयरों के खरीदारी के लिए अलग से रखें।

याद रखें कि मंद बाजार खरीददारी के लिए है। यदि शेयर बाजार कम से कम 20% गिरता है तो शेयर में और पैसा लगाएं। यदि बाजार 50% गिरता है तो जितना कैश और बान्ड उपलब्ध है सब लगा दें। यह भयावह लगेगा, लेकिन बाजार हमेशा वापस उठे हैं, तब भी जब 1929 और 1932 में बाजार ध्वस्त हो गया था। सबसे कामयाब निवेशकों ने तब शेयर खरीदें थे जब वह "बिकाऊ" थे।

यह जरूरी है कि आप अपनी अपेक्षानुसार अपने शेयरों की कार्य संपादन (performance) को उपयुक्त मानदण्ड बनाकर तुलना करें। मानकों (standards) का विकास करें अगर आप अपने निवेश में प्रगति चाहते हैं। सिर्फ उन्हीं शेयरों को रखें जो रखने लायक हैं।

यह मानदण्ड कई बाजारों के इनडेक्सेस पर आधारित हैं। यह आपको निर्धारण करने में मदद करते हैं कि आपका निवेश बाजार के सापेक्ष में ठीक से काम कर रहे हैं।

अंतर्दृष्टि के विपरीत यदि कोई शेयर ऊपर जा रहे हैं, तो जरूरी नहीं है कि वह अच्छी निवेश है, जबकि वह अपने जैसे शेयरों की गति से धीमी गति से ऊपर जा रहा हो। उसके विपरीत सभी घटती निवेश जरूरी नहीं कि हार है (जब उसके जैसे निवेश और खराब प्रदर्शन कर रहे हों)।

आप हर निवेश का प्रदर्शन अपनी अपेक्षाओं के अनुरूप उसका मूल्य जानने के लिए करें। इससे आप दूसरे निवेश निर्णयों का भी मूल्यांकन कर सकते हैं। जो निवेश आपकी अपेक्षानुरूप न हों तो उनको बेचकर कहीं और उनका निवेश करें, जब तक आपको विश्वास न हो कि आपकी अपेक्षाएं शीघ्र पूरी होंगी। अपने निवेशों को काम करने दें। एक दीर्घकालीन निवेशक के लिए एक से तीन साल की प्रदर्शन अर्थहीन है। शेयर बाजार अल्पकाल के लिए मतदान यंत्र (voting machine) एवं दीर्घकाल के लिए भारोत्तोलन यंत्र (weighting machine) है।

जब आपने शेयर खरीद लिए हैं, तो आपको समय-समय पर निवेश की समीक्षा करनी चाहिए। परिस्थितियां तथा राय बदलती रहती है। यह निवेश

का हिस्सा है। इसकी कुंजी हर नई सूचना का मूल्यांकन एवं क्रियान्वयन करता है तथा कोई भी बदलाव जो दिशानिर्देश के अनुरूप हों तथा पहले लिए गए कदमों पर आधारित हों। क्या आपकी बाजार संबंधी अपेक्षाएं ठीक थीं। अगर नहीं, तो क्यों? इन अंतर्दृष्टियों की मदद से अपनी अपेक्षाओं एवं निवेश सूची को अपडेट करें।

क्या आपका पोर्टफोलियो आपकी जोखिम क्षमता के दायरे में है। हो सकता है कि आपके शेयर ने ठीक काम किया हो परंतु निवेश ज्यादा जोखिम भरे तथा अस्थायी हो सकते हैं, जिसके बारे में आपने भी नहीं सोचा होगा। यदि आप इन जोखिमों में सहज महसूस नहीं करते तो यह समय निवेश के बदलाव का है।

क्या आप अपनी अपेक्षाओं को हासिल करने में कामयाब हुए हैं। हो सकता है कि आपका निवेश बेशक जोखिम के दायरे में हो पर बहुत धीरे प्रगति कर रहे हों तथा आपकी अपेक्षाओं के अनुरूप न हों। यदि यही स्थिति है तो निवेश में बदलाव के बारे में सोचें।

29. शेयर बाजार : जोखिम और आय

> जो इंतजार करते हैं उन तक भी चीजें पहुँच सकती हैं,
> लेकिन सिर्फ वही चीजें जो संघर्ष करने वाले छोड़ देते हैं।
> **–अब्राहम लिंकन**

आपकी "जोखिम और आय" का ध्येय ज्यादा विकल्पों में से कुछ को निकाल देगा। एक निवेशक होने के नाते आप वैयक्तिक कंपनियों के शेयर खरीद सकते हैं। यह निवेश का सबसे बुनियादी प्रकार है। बॉटम अप तरीके में जब आप हर शेयर को अपनी सोच, उनकी कीमतों एवं लाभांश के आधार पर खरीदते तथा बेचते हैं। तब शेयरों में सीधे निवेश, म्यूचुअल फंड द्वारा ली गई फीस से बचाता है एवं उचित विविधीकरण के लिए ज्यादा प्रयास की अपेक्षा करता है।

उन्हीं शेयरों को चुनें जो आपकी निवेश की जरूरतों को बेहतरीन तरीकों से पूरा करते हैं। यदि आप उच्च आय की श्रेणी में हैं, तथा लघु एवं मध्यम अवधि की आय की निम्नतम जरूरत है, और जोखिम उठाने की क्षमता भी ज्यादा है तो ज्यादातर उन अधिक बढ़ने वाले शेयरों को चुनें जो या तो थोड़ा या शून्य लाभांश देते हैं, परंतु उनकी अपेक्षित बढ़ोतरी मध्यम से ज्यादा होती है।

कम लागत वाली इंडेक्स फंड आम तौर पर सक्रिय रूप से प्रबंधित फंडों की तुलना में फीस में कम चार्ज करते हैं। वह ज्यादा सुरक्षित हैं, क्योंकि वह अपने निवेश जाने-माने इन्डैक्सों पर आधारित रखते हैं। उदाहरण के लिए, कोई इन्डैक्स फंड अपनी परफॉरमैंस बेंचमार्क S-P 500 इन्डैक्स के शेयरों पर आधारित रखता है। फंड ज्यादातर या पूरे एसैट्स खरीद लेगा एवं इन्डैक्स की परफॉरमैंस की बराबरी (लेकिन अधिक नहीं) कर लेगा। यह

एक सुरक्षित निवेश होगा परंतु बहुत उत्तेजक नहीं। एक्टिव शेयर खरीददार ऐसे निवेशों में कम रुचि दिखाएंगे।

इन्डैक्स फंड "नए निवेशकों" के लिए एक अच्छी शुरुआत हो सकती है। "कम लोड" वाले, सस्ते इन्डैक्स फंडो को खरीदकर रखना, और डॉलर कास्ट ऐवरेजिंग स्ट्रैटेजी को उपयोग करने से देखा गया है कि दीर्घकाल में वह एक्टिव म्यूचुअल फंड को पीछे छोड़ देते हैं। ऐसे इन्डैक्स फंड चुनें जो वार्षिक आय एवं इन्डैक्स अनुपात में सबसे कम हों।

एक एक्चेंज ट्रेडर फण्ड (ETF) एक ऐसा इन्डेक्स फंड है जिसे शेयर की तरह निवेश करते हैं। ETF एक अनमैनेज्ड पोर्टफोलियो है (इसमें स्टॉक एक्टिवली मैनेज्ड फंड की तरह लगातार खरीदे और बेचे नहीं जाते) और कमीशन के बगैर ही अक्सर लेन-देन होते हैं। आप खास इन्डैक्स पर आधारित ETF खरीद सकते हैं, जो किसी निश्चित उद्योग या वस्तु जैसे कि सोने पर आधारित हो सकते हैं। ETF नौसिखियों के लिए एक बढ़िया चुनाव है।

आप एक्टिवली मैनेज्ड म्यूच्युअल फंड में भी निवेश कर सकते हैं। इन फंडो में कई निवेशक पैसा लगाते हैं और उसे शेयरों एवं बान्डस में लगाते हैं। वैयक्तिक निवेशक पोर्टफोलियों के शेयर खरीदते हैं। वैयक्तिक निवेशक ऐसे पोर्टफोलियो बनाते हैं जिनका एक विशेष लक्ष्य होता है जैसे दीर्घकालीन उन्नति। क्योंकि यह फंड एक्टिवली मैनेज्ड होते हैं (प्रबंधक लगातार शेयरों को खरीदते बेचते रहते हैं ताकि फंड के लक्ष्य प्राप्त हो सकें), इसलिए इनकी फीस ज्यादा होती है। म्यूचुअल फंड ऐक्सपेंस रेशो आपके प्रतिलाभ दर को हानि पहुंचा सकते हैं एवं आपकी आर्थिक उन्नति में बाधक हैं।

कुछ कंपनियां सेवानिवृत्त निवेशकों के लिए, खास पोर्टफोलियों प्रस्तुत करती हैं। यह "एसेट अलोकेशन" या "टार्गेट डेट" फंड्स हैं जो आपकी उम्र के अनुसार आपके स्वामित्व को समन्वय करते रहते हैं। उदाहरण के लिए, जब आप युवा हैं तो आपका संकलन इक्विटि की तरफ होता है, लेकिन जैसे-जैसे आपकी उम्र बढ़ती है, यह संकलन आपकी निवेशों को स्थिर आय सेक्यूरीटि में बदलता जाता है। दूसरे शब्दों में, यह आपके लिए वह करता है, जो आप अपने वयस्क होने पर अपने लिए करने की उम्मीद

करते हैं। ध्यान रहे कि यह फंड्स साधारण इन्डैक्स फंड एवं ETF के मुकाबले ज्यादा महंगे होते हैं, लेकिन यह दूसरे निवेश से बेहतर प्रदर्शन करते हैं।

निवेश चुनने से पहले यह जरूरी है कि आप विनिमय का खर्चा और फीस को परखें। खर्चा एवं फीस आपके प्रतिलाभ को घटाती है तथा आपकी आय को कम करती है। इसलिए यह जानना जरूरी है कि जब आप शेयर खरीदें, सँभाले या बेचें तो आपको क्या कीमत अदा करनी पड़ेगी। एक शेयर की आम विनियम कीमत में कमीशन, बिड-आस्क स्प्रेड, स्लीपेज, SEC सेक्शन 31 फीस, और केपिटल गेन टैक्स शामिल हैं। फन्डस में लगने वाली कास्ट मैनेजमेंट फीस, सेल्स लोड्स भार, प्रतिदान कीमत (redemption fees), विनियम फीस, अकाउंट फीस, 12इ-1 फीस और ऑपरेटिंग खर्चे शामिल हैं।

हर शेयर जिसमें आप इच्छुक हैं उसका आंतरिक मूल्य तथा सही कीमत को निर्धारित करें, जिसे आपको अदा करना है: आंतरिक मूल्य एक शेयर की योग्यता या कीमत है जो वर्तमान शेयर मूल्य से अलग हो सकती है। सही कीमत जो अदा करनी है, वह आमतौर पर आंतरिक कीमत का ही एक हिस्सा होता है, जो सुरक्षा का दायरा (margin of safety-MOS) तय करती है। MOS 20% से 60% तक हो सकता है जो आपकी आंतरिक कीमत के निर्धारण में अनिश्चितता के स्तर पर निर्भर करता है। शेयरों की कीमत के आंकलन के कई तरीके हैं:-

लाभांश डिस्काउंट मॉडल: एक शेयर की कीमत उसके भविष्य में मिलने वाले लाभांश का वर्तमान रूप है। इसलिए स्टॉक की कीमत = प्रति शेयर लाभांश का डिस्काउंट रेट तथा लाभांश प्रगति दर के अंतर से विभाजित करके मिलता है।

डिस्काउंट कैश फ्लो (DCF) मॉडल: एक शेयर का मूल्य अपने सभी भविष्य के नकदी प्रवाह का वर्तमान मूल्य है। इसलिए, DCF = CF1/(1+r)^1 + CF2/(1+r)^2 + ... + CFn/(1+r)^n, जहां CFn = कैश फ्लो एक दिए गए समय n के लिए, और r = डिस्काउंट रेट। एक अनूठी (typical) DCF गणना प्रोजेक्ट के लिए वार्षिक फ्री कैश फ्लो (वर्तमान कैश फ्लो (operating cash flow) से पूंजीगत व्यय (capital eñpenditures) को घटाना) को अगले 10 वर्षों के लिए दर्शाते हैं। उन्नति कीमत और टर्मिनल उन्नति कीमत दर का अंदाजा लगाते हैं, ताकि टर्मिनल कीमत का अंदाजा लगा सकें और फिर दोनों को जोड़कर शेयर के DCF कीमत का पता लगाते हैं।

तुलनात्मक विधियां : यह विधियां किसी शेयर की कीमत उसकी आमदनी क्षमता से लगाती हैं (price relative to earnings (P/E)), बुक वैल्यू (P/B), सेल्स (P/S), और कैश फ्लो (P/CF) से भी लगाई जाती है। यह शेयर के तात्कालिक कीमत अनुपात की तुलना उपयुक्त मानदंड तथा शेयर के ऐतिहासिक औसत के अनुपात से उस कीमत को निर्धारित करती हैं, जिस पर शेयर को बिकना चाहिए।

30. शेयर बाजार : पारिभाषिक शब्दावली

> जो आप नहीं कर सकते उसे आप जो कर सकते हैं उसमें बाधा मत बनने दीजिये। **–जॉन आर वुडेन**

इस लेख को विकिफाइ करने की आवश्यकता हो सकती है ताकि यह विकिपीडिया के गुणवत्ता मानकों पर खरा उतर सके।

कृपया प्रासंगिक आन्तरिक कड़ियाँ जोड़कर, या लेख का लेआउट सुधार कर सहायता प्रदान करें।

यह लेख सामान्य उल्लेखनीयता निर्देशों के अनुरूप नहीं है। कृपया विषय के बारे में विश्वसनीय स्रोत जोड़कर उल्लेखनीयता स्थापित करने में सहायता करें। यदि उल्लेखनीयता स्थापित न की जा सकी, तो लेख को विलय, पुनर्निर्देशित अथवा हटाया जा सकता है।

आउटलुक : रेटिंग के साथ जुड़ा हुआ यह शब्द भी भावी संभावनाओं को दर्शाता है। कंपनी/संस्था या देश का भविष्य क्या है अथवा इसकी क्या संभावना है, जैसे सवाल पूछते समय आउटलुक शब्द का उपयोग किया जाता है। आउटलुक के आधार पर ही निवेश करने का निर्णय कम्पनी को लिया जाता है। क्योंकि आउटलुक पॉजिटिव, नेगेटिव या फिर स्टेबल (स्थिर) हो सकता है। निवेशकों के लिए यह हितकारक है कि वे निवेश करते समय कंपनी, संस्था या देश के आउटलुक पर ध्यान दें।

ऑर्डर बुक : कंपनी की ऑर्डर बुक में कितने ऑर्डर बकाया पड़े हैं, इसकी जानकारी के आधार पर कंपनी के कार्य परिणाम, भविष्य एवं स्थिरता का अनुमान लगाया जा सकता है। कंपनी के पास ऑर्डर ही न हों या भरपूर ऑर्डर न हों तो ऐसी स्थिति कंपनी के लिए अच्छी नहीं मानी

जाती, जबकि निरंतर ऑर्डर मिलने वाली तथा ऑर्डर बुक में भरपूर ऑर्डर रखने वाली कंपनी की स्थिति सुदृढ़ मानी जाती है। ऑर्डर बुक भरपूर होने का अर्थ यह है कि कंपनी के पास भरपूर काम है तथा भविष्य में उसकी आय निरंतर बनी रहेगी।

आर्बिट्रेज : एक शेयर बाजार से निर्धारित शेयरों की कम भाव पर खरीदारी करके उसे दूसरे बाजार में ऊंचे भाव पर बेच देने की प्रवृत्ति को आर्बिट्रेज कहा जाता है। उदाहरण स्वरूप बीएसई पर एबीसी कंपनी के शेयर 145.20 रु. के भाव पर खरीद कर उसी समय एनएसई पर 145.30 रु. पर बेच देने की प्रक्रिया को आर्बिट्रेज कहते हैं। इस प्रकार आपको 10 पैसे का अंतर मिलता है। ये सौदे एक ही समय किये जाते हैं तथा इसमें बड़ी संख्या में सौदे किये जाते हैं। पुराने समय में एक ही समय पर एक ही स्क्रिप के अलग-अलग भाव हुआ करते थे परंतु अब ऑन लाइन ट्रेडिंग सुविधा होने से इसकी मात्रा काफी घट गयी है। अब इस प्रकार के सौदों में भाव का अंतर काफी कम होता है, परंतु भारी मात्रा में सौदे होने से इनमें भरपूर लाभ अर्जित होता है। इस प्रकार का कारोबार करने वालों को आर्बिट्रेजर कहा जाता है। कई बार एक ही कमोडिटी, करेंसी या सिक्युरिटीज के तीन चार एक्सचेंज पर अलग-अलग भाव अंतर पर सौदे होते हैं, जिसमें एक बाजार से नीचे भाव में खरीद कर दूसरे बाजार में ऊंचे भाव पर बेचा जाता है। यहां महत्वपूर्ण यह है कि ये सौदे दोनों एक्सचेंजों पर एक ही समय पर किये जाते हैं। ब्रोकर इस काम के लिए विशेष स्टॉफ रखते हैं, जो बीएसई और एनएसई दोनों पर भरपूर मात्रा में सौदे करते रहते हैं।

आर्बिट्रेशन : इस शब्द का अर्थ आर्बिट्रेज से काफी अलग है। आर्बिट्रेशन का अर्थ है विवादों का निपटान। जब ब्रोकर और ब्रोकर के बीच या ब्रोकर और ग्राहक के बीच कोई विवाद हो जाता है तो इस प्रकार के विवाद को निपटाने के लिए मध्यस्थ की नियुक्ति की जाती है, जिसे आर्बिट्रेटर कहा जाता है और उसके निपटान की प्रक्रिया को आर्बिट्रेशन प्रोसेस कहा जाता है। शेयर बाजार में ऐसे विवादों के निपटान के लिए एक खास विभाग एक्सचेंज के नियमों एवं उपनियमों के तहत कार्य करता है। इस प्रकार के मामलों में आर्बिट्रेटर की नियुक्ति एक्सचेंज के नियमों के अनुसार होती है और उसके द्वारा दिये गये निर्णय ब्रोकर और ग्राहकों पर

लागू होते हैं। इस प्रक्रिया में आर्बिट्रेटर दोनों पक्षों को सुनने के बाद अपना निर्णय देता है।

ऑक्शन (नीलाम) : शेयर बाजार में जब कोई निवेशक शेयर बेच देता है, परंतु समय पर उसकी डिलिवरी देने में विफल हो जाता है तो एक्सचेंज की कार्य पद्धति के तहत निवेशक के शेयर डिलिवरी दायित्व को उतारने के लिए उतने ही शेयरों का आवश्यक रूप से ऑक्शन (नीलाम) किया जाता है। इस प्रक्रिया में ऑक्शन के जरिए उतनी संख्या के शेयर बाजार के वर्तमान भाव पर ब्रोकर के द्वारा खरीदे जाते हैं और इसके भाव अंतर का बोझा निवेशक से वसूला जाता है। इसका कारण यह है कि निवेशक ने अपने पास शेयर हुए बिना भी उनको बेच दिया था। हमने इसके पहले शार्ट सेल्स (खोटी बिक्री) की चर्चा की थी। उसमें भी शार्ट सेल्स करने वाले निवेशक को बाजार भाव पर शेयर खरीद कर डिलिवरी देनी होती है, परंतु जब कोई निवेशक स्वेच्छा से ऐसा नहीं करता है तो बाजार के नियमों के तहत स्टॉक एक्सचेंज द्वारा आवश्यक रूप से नीलामी के मार्फत उस सौदे का निपटान किया जाता है।

एलॉटमेंट : कंपनियों के सार्वजनिक निर्गम (आईपीओ) के दौरान निवेशकों द्वारा किये गये आवेदन पर मिले हुए शेयरों को शेयर एलॉटमेंट कहा जाता है।

एसटीटी : सिक्योरिटीज ट्रांजेक्शन टेक्स को सारांश में एसटीटी कहते हैं। सरकार के कर नियम के अनुसार शेयर सिक्युरिटीज के प्रत्येक सौदे पर एसटीटी लागू होता है। सरकार को इस मार्ग से प्रतिदिन भारी राजस्व मिलता है। यह कर ब्रोकरों को भरना होता है, हालांकि ब्रोकर इसे अपने ग्राहकों से वसूल लेते हैं। प्रत्येक कांट्रेक्ट नोट या बिल में ब्रोकर्स के साथ-साथ एसटीटी भी वसूला जाता है।

एफआईआई : शेयर बाजार को नचाने वाला, बाजार की चाल निर्धारित करने वाला यह शब्द बाजार से संबंधित समाचारों में बार-बार सुनने को मिलता है। प्राय: इस बात पर आप अपना ध्यान देते हैं कि एफआईआई की लिवाली या बिकवाली के कारण बाजार का यह हाल हुआ। एफआईआई, यानी कि फॉरेन इंस्टिट्युशनल इन्वेस्टर अर्थात विदेशी संस्थागत निवेशक। ये संस्थागत निवेशक अंतरराष्ट्रीय स्तर पर होते हैं। ये अपने स्वयं के देश के

लोगों से बड़ी मात्रा में निवेश के लिए धन एकत्रित करते हैं और उनका अनेक देशों के शेयर बाजार में निवेश करते हैं। इन संस्थागत निवेशकों के ग्राहकों की सूची में सामान्य निवेश से लेकर बड़े निवेशक-पेंशन फंड आदि होते हैं, जिसका एकत्रित धन एफआईआई अपनी व्यूहरचना के अनुसार विविध शेयर बाजारों की प्रतिभूतियों में निवेश करके उस पर लाभ कमाते हैं और उसका हिस्सा अपने ग्राहकों को पहुंचाते हैं। चूंकि इन लोगों के पास धन काफी विशाल मात्रा में होता है और प्राय: ये भारी मात्रा में ही लेवाली या बिकवाली करते हैं जिससे शेयर बाजार की चाल पर सीधा प्रभाव पड़ता है। भारत में तो अभी उनका ऐसा वर्चस्व है कि लगता है शेयर बाजार को वे ही चलाते हैं। वर्ष 2008 में जब अमेरिका में आर्थिक मंदी आयी थी तब इस वर्ग ने भारतीय पूंजी बाजार से अपना निवेश निरंतर निकाला था, जिससे भारतीय बाजार में भी गिरावट होती गयी। किसी भी एफआईआई को भारतीय शेयर बाजार में निवेश करने से पहले अपना पंजीकरण भारतीय प्रतिभूति एवं विनिमय बोर्ड (सेबी) तथा भारतीय रिजर्व बैंक के पास करवाना होता है तथा इनके नियमों का पालन करना होता है। वर्तमान समय में सेबी के पास 1100 से अधिक एफआईआई पंजीकृत हैं।

एक्सपोजर : साधारण शब्दों में इसे जोखिम कहा जा सकता है। जब कोई निवेशक किसी कंपनी में निवेश करता है तो यह कहा जाता है कि उक्त निवेशक ने कंपनी में एक्सपोजर लिया है। एक्सपोजर मात्र कंपनी में ही नहीं, बल्कि संपूर्ण उद्योग या अर्थ तंत्र में भी लिया जाता है। जब कोई निवेशक अन्य देश में निवेश करता है तो कहा जाता है कि उसने उस देश के अर्थ तंत्र में या उस देश की कंपनियों, उद्योगों में एक्सपोजर अर्थात जोखिम ली है। वायदे के सौदों में यह शब्द काफी उपयोग में लाया जाता है क्योंकि जब कोई ट्रेडर फ्यूचर कांट्रेक्ट करता है तब वह भविष्य की जोखिम लेता है। व्यक्ति जब भी कोई निवेश करता है तब उसके मूल्य में घट-बढ़ की संभावना होने से उस निवेश का एक्सपोजर कहा जाता है।

बेस्ट बाई : जो शेयर खरीदने के लिए उत्तम माने जाते हैं या जिन शेयरों का खरीदारी के लिए उत्तम भाव माना जाता है उन्हें बेस्ट बाई कहा जाता है। ये कंपनियां श्रेष्ठ हैं अथवा भविष्य में उनका भाव अपने वर्तमान

भाव से बढ़ने की संभावना होती है। ऐसी स्क्रिप या शेयर को बेस्ट बाई के रूप में गिना जाता है। अनेक बार एनालिस्ट विद्यमान स्थिति के आधार पर किसी शेयर को बेस्ट बाई कहते हैं, उस समय उन कंपनियों का शेयर भाव बढ़ने की प्रबल संभावनाएं रहती हैं।

ब्लू चिप : शेयर बाजार की श्रेष्ठ-मजबूत कंपनियों के लिए यह शब्द उपयोग में लाया जाता है। किसी कंपनी का ब्लू चिप होने का अभिप्राय यह है कि उसके शेयर निवेशकों के लिए पसंदीदा शेयर हैं। इस प्रकार की कंपनियों में सौदे भी काफी होते हैं, उतार-चढ़ाव भी काफी होता है और उनमें निवेशकों का आकर्षण भी खूब बना रहता है।

बोल्ट बीएसई (बांबे स्टॉक एक्सचेंज) ऑन लाइन ट्रेडिंग : बोल्ट अर्थात प्रतिभूतियों की ऑनलाइन स्क्रीन आधारित ट्रेडिंग सुविधा उपलब्ध कराने वाला टर्मिनल। बीएसई के सदस्यों को एक्सचेंज की तरफ से इस टर्मिनल की सुविधा उपलब्ध करायी जाती है।

बबल : पिछले कुछ वर्षों से यह शब्द भी संपूर्ण विश्व में चर्चित है। विशेषकर बाजार में जब कोई भी प्रकरण खुलता है तो उसे बबल बर्स्ट हुआ है, ऐसा कहा जाता है। बबल अर्थात बुलबुला और बर्स्ट अर्थात फटना। जब किसी शेयर का भाव बुलबुले की तरह फूलता रहे और एक सीमा पर आने के बाद धड़ाम से गिर जाये तो इसे बुलबुला फूटना कहा जाता है।

करेक्शन : शेयर बाजार की दैनिक रिपोर्ट में इस शब्द का उपयोग होता रहता है। बाजार खूब बढ़ गया हो और एक निश्चित ऊंचाई पर पहुंचने के बाद तेजी के रूझान के बीच जो गिरावट दर्ज की जाती है उसे बाजार में करेक्शन कहा जाता है। उदाहरण के लिए शेयर बाजार यदि निरंतर 4 दिन एकतरफा बढ़ता रहे और पांचवे दिन उसमें गिरावट आ जाये तो उसे करेक्शन के नाम से जाना जाता है। समय-समय पर इस प्रकार का करेक्शन बाजार के स्वास्थ्य के लिए अच्छा प्रतीक माना जाता है। निरंतर एकतरफा बढ़ते रहने वाला बाजार जोखिमपूर्ण हो जाता है जिसमें आगे जाकर एक साथ भारी गिरावट की संभावनाएं बढ़ जाती हैं।

कार्पोरेट एक्शन : कंपनी द्वारा जब कभी भी शेयरधारकों या बाजार से संबंधित कोई निर्णय लिया जाता है तो उसे कार्पोरेट एक्शन कहा जाता है। उदाहरण के लिए लाभांश/ब्याज का भुगतान, राइट/बोनस इश्यू,

मर्जर/डिमर्जर, बाई बैक, ओपन ऑफर जैसी बातें कार्पोरेट एक्शन कही जाती हैं।

कांट्रेक्ट नोट : शेयर बाजार में सौदे करते समय कांट्रेक्ट नोट का काफी महत्त्व है। आप जिस शेयर ब्रोकर के जरिये शेयरों की खरीद बिक्री करें, उससे हर बार कांट्रेक्ट नोट लेने का आग्रह करें। आपके शेयरों के सौदे किस समय तथा किस भाव पर हुए, उस पर कितनी दलाली, सिक्युरिटी ट्रांजेक्शन टैक्स, सर्विस टैक्स लगा है इन सबका उल्लेख कांट्रेक्ट नोट में होता है। आपको ब्रोकर से सौदे के 24 घंटे के भीतर कांट्रेक्ट नोट मिल जाना चाहिए, परंतु सामान्य रूप से ब्रोकर इसमें 3–4 दिन लगा देते हैं। कांट्रेक्ट नोट पाना आपका अधिकार बनता है और यही आपके सौदे का दस्तावेजी प्रमाणित प्रमाण भी है। यदि किसी कारण से आपका ब्रोकर विफल हो जाये और आपको अपने सौदे के शेयर या उसकी रकम उससे लेनी निकलती है तो इस कांट्रेक्ट नोट के आधार पर ही आप अपना दावा पेश कर सकते हैं। ब्रोकर के विफल होने पर एक्सचेंज कांट्रेक्ट नोट के आधार पर ही आपका दावा मान्य करता है, जिसमें आपको एक्सचेंज की तरफ से 10 लाख रुपये तक की सुरक्षा मिलती है। ऐसी स्थिति में कांट्रेक्ट नोट ही मात्र ऐसा दस्तावेज है जो आपके दावे का आधार बनता है। ऐसा न होने पर आपका दावा वैध नहीं माना जायेगा। अतः ब्रोकरों के साथ व्यवहार करते समय कांट्रेक्ट नोट लेने का आग्रह करें, इसकी उपेक्षा न करें तथा इसे संभाल कर अपने पास रखें। याद रखें इस कांट्रेक्ट नोट पर ब्रोकर का सेबी पंजीकरण क्रमांक होना भी आवश्यक है।

कॉर्नरिंग : जब कोई निश्चित व्यक्ति या ग्रुप किसी शेयर विशेष की खरीदारी करके उस पर एकाधिकार जमाने के लिए इकट्ठा करता है तो इसे उस शेयर की कॉर्नरिंग हो रही है, ऐसा कहा जाता है। ऐसा करने के अनेक कारण हो सकते हैं परंतु यह बात निश्चित है कि ऐसा करने के पीछे उक्त समूह या व्यक्ति की उस शेयर में रुचि है।

कंसेंट ऑर्डर : प्रतिभूति बाजार में यह शब्द पिछले एक–दो वर्षों से प्रचलित हुआ है। बाजार का कोई भी मध्यस्थी–खिलाड़ी नीति नियमों का उल्लंघन करता है तब उसके विरुद्ध कार्रवाई की जाती है। उल्लंघन करने वाली हस्ती अपना अपराध स्वीकार न करे तो वह अपना विवाद सेट, हाई

कोर्ट और सुप्रीम कोर्ट तक ले जा सकता है। ऐसा करने पर उसे काफी खर्च करना पड़ सकता है तथा समय भी काफी बर्बाद हो सकता है। यदि कोई हस्ती इन लंबी कानूनी प्रक्रियाओं से बचना चाहे तो वह अपनी भूल स्वीकार कर लेता है और सेबी उस पर निर्धारित आर्थिक दंड लगाकर एक कंसेंट ऑर्डर जारी कर देती है। ऐसा करने से समय और खर्च बच जाता है, जबकि अपराधी को आर्थिक सजा भी मिल जाती है। हालांकि विशेष प्रकार के अपराधों में ही कंसेंट ऑर्डर की सुविधा मिलती है। गंभीर प्रकार के अपराध करके कंसेंट ऑर्डर के जरिए मुक्ति नहीं पायी जा सकती। न्यायालयों में विवादों के ढेर लगे हुए हैं तथा मामलों के निर्णय आने में वर्षों लग जाते हैं ऐसी स्थिति में कंसेंट ऑर्डर के जरिए मामलों को निपटाना एक व्यवहारिक मार्ग है। विदेशों में यह प्रथा प्रचलित है। सेबी द्वारा यह प्रथा शुरू करने के बाद अनेक मामलों के निर्णय जल्दी हो पाये हैं और आर्थिक दंड के रूप में इस प्रक्रिया के जरिए काफी धन जमा हुआ है। इस राशि का उपयोग इन्वेस्टर प्रोटेक्शन या एज्यूकेशन पर किया जा सकता है।

डिलिस्टिंग : आईपीओ (पब्लिक इश्यू) के बाद जिस प्रकार शेयरों की शेयर बाजार में लिस्टिंग होती है उसी प्रकार अनेक बार कंपनियां अपने शेयरों की शेयर बाजार से डिलिस्टिंग करवाती हैं। शेयर डिलिस्टि हो जाने के बाद उनके सौदे शेयर बाजार पर नहीं हो सकते। इस प्रकार डिलिस्टिंग शेयरधारकों एवं निवेशकों के हित में नहीं है। डिलिस्टिंग अलग-अलग कारणों से होती है। कोई कंपनी डिलिस्टिंग करार का पालन नहीं करती है और डिलिस्टिंग की फीस नहीं भरती है तब एक्सचेंज पहले उसके शेयरों को सस्पेंड कर देता है उसके बाद भी यदि कंपनी निर्धारित समय के अंदर डिलिस्टिंग करार में वर्णित शर्तों का पालन नहीं करती है तो अंत में एक्सचेंज उसके शेयरों को डिलिस्टि करने की नोटिस दे देते हैं। ऐसा होने पर भी यदि कंपनी कोई उत्तर न दे तो एक्सचेंज उसके शेयरों को अपनी सूची से हटा देती है। इस प्रकार की डिलिस्टिंग एक सजा के रूप में या कार्रवाई के रूप में होती है, जिसका भोग उसके शेयरधारकों को भोगना पड़ता है, जिससे वे अपने शेयरों के सौदे बाजार में नहीं कर सकते और शेयरों की प्रवाहिता शून्य हो जाती है। जबकि अनेक बार कंपनियां अपनी स्वेच्छा से डिलिस्टिंग कराती हैं।

ऐसा करते समय कंपनियों को सेबी के डिलिस्टिंग दिशा-निर्देशों का पालन करना होता है, जिसके तहत कंपनी को शेयरधारकों के पास से स्वयं ही शेयर खरीदने पड़ते हैं। इस प्रकार स्वेच्छिक डिलिस्टिंग के मामले में उसके शेयरधारकों को नुकसान सहन नहीं करना पड़ता है।

डिसइन्वेस्टमेंट : यह शब्द पिछले कुछ वर्षों से अपनी अर्थव्यवस्था और बाजार में प्रचलित हुआ है। इन्वेस्टमेंट का अर्थ है निवेश करना जबकि डिसइन्वेस्टमेंट का मतलब है निवेश खाली करना। सरकारी अर्थात सार्वजनिक क्षेत्र की कंपनियों की स्थापना सरकार ने की होती है, जिससे उस कंपनी का संपूर्ण मालिकाना हक सरकार के पास ही रहता है। बदलते समय और उदारीकरण के वातावरण में निजीकरण का दायरा बढ़ता जा रहा है। सरकार इन सार्वजनिक क्षेत्र की कंपनियों से अपना हिस्सा (निवेश) खाली करती है तो इसे डिसइन्वेस्टमेंट कहा जाता है। यह खाली किये जाने वाला हिस्सा सरकार सार्वजनिक जनता, निजी निवेशकों, बैंकों, संस्थाओं आदि को प्रस्तावित करती है। इस प्रकार धन एकत्रित करके सरकार उस रकम का उपयोग सामाजिक विकास के कार्यों में करती है। साथ ही सामान्य निवेशकों को सार्वजनिक क्षेत्र की इन कंपनियों में अपनी हिस्सेदारी लेने का अवसर मिलता है। डिसइन्वेस्टमेंट के बाद शेयरों की स्टॉक एक्सचेंज पर लिस्टिंग होती है और उसमें सौदे भी होते हैं। सरकार पिछले कई वर्षों से धीमी गति से डिसइन्वेस्टमेंट कर रही है। जिसके कारण ही अनेक सार्वजनिक क्षेत्र की कंपनियों के शेयर सूचीबद्ध हैं, जिनमें ओएनजीसी, एनटीपीसी, भेल इत्यादि कंपनियों का समावेश है। वर्ष 2010-11 के बजट में 40 हजार करोड़ रु. डिसइन्वेस्टमेंट के जरिए एकत्रित करने का लक्ष्य रखा गया है। हाल ही में सरकार की तरफ से डिसइन्वेस्टमेंट का पहला चरण शुरू हुआ है जिसे ध्यान में रखते हुए बांबे स्टॉक एक्सचेंज ने पीएसयूडॉटकॉम के नाम से एक अलग वेबसाइट भी तैयार की है जिस पर पीएसयू के डिसइन्वेस्टमेंट से संबंधित आवश्यक जानकारियां उपलब्ध करायी गयी हैं। दीर्घावधि के लिए निवेश करने वाले निवेशकों के लिए ये कंपनियां श्रेष्ठ मानी जाती हैं। निवेशकों को इस साइट से ऐसी अनेक जानकारियां मिल सकती हैं जो उनके निवेश निर्णय में सहायक होती हैं।

डीपी (डिपॉजिटरी पर्टिसिपेंट) : शेयरधारक, कंपनी और डिपॉजिटरी

की कड़ी अर्थात डीपी। बैंक, वित्तीय संस्थाएं और शेयर दलाल आदि डीपी बन सकते हैं। जिस प्रकार बैंक खातेधारकों की रकम संभाल कर रखते हैं उसी प्रकार डिपॉजिटरी निवेशकों की प्रतिभूतियों को इलेक्ट्रॉनिक स्वरूप में संभाल कर रखते हैं। हमारे देश में एनएसडीएल (नेशनल सिक्युरिटीज डिपॉजिटरी लिमिटेड) और सीडीएसएल (सेंट्रल डिपॉजिटरी सर्विसेज इंडिया लिमिटेड) नाम की दो डिपॉजिटरी हैं। शेयर बाजार में सौदे करने के लिए निवेशक को अपना डिमैट खाता खुलवाना आवश्यक है। यह खाता डिपॉजिटरी पार्टिसिपेंट के पास खुलवाया जाता है।

डाइवर्सिफिकेशन (विविधीकरण) : शेयर बाजार ही नहीं निवेश जगत में भी यह शब्द काफी महत्त्व रखता है। सभी अंडे एक टोकरी में नहीं रखे जाते, आपने यह कहावत तो सुनी ही होगी। इसी प्रकार सारा निवेश एक शेयर में नहीं करना चाहिए बल्कि अलग-अलग शेयरों में करना चाहिए और इतना ही नहीं ये शेयर भी अलग-अलग उद्योगों से जुड़ी कंपनियों के होने चाहिए। इस प्रकार विविध उद्योगों की कंपनियों के शेयरों में निवेश करना विविधीकरण कहलाता है। ऐसा करने से निवेशकों की जोखिम घटती है, कारण कि यदि सारे अंडे एक ही टोकरी में हों और वह टोकरी गिर जाय तो सारे अंडे नष्ट हो जायेंगे। इसी प्रकार सारा निवेश किसी एक ही कंपनी के शेयरों में हो और दुर्भाग्यवश यदि उस कंपनी के साथ कुछ अनहोनी हो जाये तो निवेशकों का सारा निवेश नष्ट हो सकता है। ऐसा करने के बजाय विविध शेयरों में निवेश होने से डाइवर्सिफिकेनशन का लाभ मिलता है। जिसमें यदि किसी एक या दो कंपनियों के शेयर गिर भी जायें तो अन्य शेयरों में किया गया निवेश उसकी जोखिम को कम कर देता है। अलग-अलग उद्योगों के शेयर रखने के पीछे उद्देश्य यह है कि प्रायः किसी एक समय में सभी उद्योगों की कंपनी में मंदी का दौर नहीं रहता। एक उद्योग में मंदी होने पर दूसरे उद्योग की तेजी का लाभ मिल जाता है। हां, यह दूसरी बात है कि पूरे वित्त बाजार में ही भारी गिरावट का दौर न आ जाय।

यहां यह बात भी समझानी जरूरी है कि निवेश का डाइवर्सिफिकेशन मात्र शेयरों तक ही सीमित नहीं रहना चाहिए। निवेशकों को मात्र शेयरों में निवेश करने से भी जोखिम होती है। भले ही उसने अनेक प्रकार के शेयरों में निवेश किया हो। पूरा शेयर बाजार ही मंदी की चपेट में आ जाय तो

क्या हो? निवेशकों को अपने असेट का भी डाइवर्सिफिकेशन रखना चाहिए। जिसे दूसरे शब्दों में असेट एलोकेशन भी कहा जाता है। सरल शब्दों में कहा जाय तो निवेशकों को शेयरों के बाद सोना, चांदी, प्रापर्टी, बैंक या कार्पोरेट डिपॉजिट, बांड्स, सरकारी बचत योजनाओं इत्यादि में भी निवेश करना चाहिए। ऐसा करने से उसकी संपूर्ण जोखिम का विभाजन हो जाता है और वह अपने पूरे निवेश को खोने से बच सकता है।

डिसगोर्जमेंट : यह शब्द उच्चारण में काफी भारी भरकम लगता है परंतु इसका अभिप्राय काफी सरल है। कोई भी हस्ती शेयर बाजार या पूंजी बाजार में गैर व्यवहारिक तरीके से घोटाले करके दूसरों की रकम डकार ले तब सेबी ऐसे मामलों की जांच करके इन हस्तियों के पास से गैर व्यवहारिक तरीके से कमाई गयी रकम वसूल करने का अधिकार रखती है। इस उद्देश्य से सेबी डिसगोर्जमेंट ऑर्डर जारी करती है। इस प्रकार की वसूली को डिसगोर्जमेंट कहा जाता है। ताजा उदाहरण के रूप में इस शब्द को समझो तो वर्ष 2003-2005 के दौरान अनेकों आईपीओ में बेनामी डिमैट एकाऊंट खुलवाकर मल्टिपल आवेदन करके अनेक लोगों ने अनुचित लाभ कमाया। चूंकि उस समय बाजार तेजी पर था और आईपीओ में शेयर पाने वाले लोगों को सेकेंडरी बाजार में लिस्टिंग के बाद अच्छा लाभ मिलता था। बेनामी मल्टिपल आवेदनों के कारण छोटे आवेदक आईपीओ में शेयर पाने से वंचित रह गये थे। सेबी ने लंबी जांच के बाद ऐसे अनेक लोगों के पास से उनके द्वारा गैर व्यवहारिक तरीके से कमाई गयी रकम डिसगोर्ज (वसूल) की और अप्रैल के शुरुआत में इस वसूल की गयी रकम को मुआवजे के रूप में उन लोगों में बांटा जो आईपीओ में उक्त शेयर प्राप्त करने से वंचित रह गये थे। भारतीय पूंजी बाजार के इतिहास में ऐसा पहली बार हुआ। भारत के वित्त मंत्री के हाथों निवेशकों को मुआवजे के चेक दिये गये। इस प्रकार डिसगोर्जमेंट शब्द जरूर भारी है, लेकिन निवेशकों के लिए लाभदायी एवं राहत भरा है। इस उदाहरण से निवेशकों में सिस्टम तथा बाजार के प्रति विश्वास बढ़ना स्वाभाविक है। सेबी अपने इस अधिकार से उन लोगों पर अंकुश बनाये रख सकती है, जो बाजार में गैर कानूनी और गैर व्यवहारिक तरीके से लाभ कमाना चाहते हैं।

डिस्क्लोजर : यह शब्द सेबी के नियमों से लेकर शेयर बाजार व

तमाम नीति-नियमों में उपयोग किया जाता है। साधारण अर्थों में इसका अर्थ है खुलासा करना अर्थात डिस्क्लोज करना। इस शब्द का पूंजी बाजार में काफी महत्व है। इसके आधार पर ही निवेश का निर्णय लिया जाता है। निवेशकों को कंपनी तथा उसके मध्यस्थों के बारे में आवश्यक जानकारियां समय-समय पर मिलती रहें इसके लिए सेबी समय-समय पर डिस्क्लोजर के नियम बनाती एवं संशोधित करती रहती है। निवेश करने का निर्णय लेने में ये जानकारियां काफी महत्त्व रखती हैं।

इस्यूअर : प्रतिभूतियां जारी करने वाली कंपनी या संस्थान को इस्यूअर कहा जाता है। साधारण शब्दों में शेयर या प्रतिभूतियां जारी करने वाली कंपनियों या संस्थाओं को इस्यूअर कहा जाता है।

फंडामेंटल : शेयर बाजार या फिर कंपनी से संबंधित रिपोर्टों में अनेक बार फंडामेंटल शब्द पढ़ने या सुनने को मिलता है। उदाहरण के तौर पर कंपनी के या बाजार के फंडामेंटल मजबूत हैं या कमजोर हैं इत्यादि-इत्यादि। फंडामेंटल अर्थात मूलभूत तत्व या परिणाम। कंपनी बिक्री, नफा, आय, मार्जिन, डिमांड इत्यादि के संबंध में अच्छा प्रदर्शन करती हो तो फंडामेंटल की दृष्टि से कंपनी मजबूत गिनी जाती है। इसी प्रकार अनेक कंपनियों के परिणाम अच्छे आने पर या अन्य उत्साहवर्धक नीतियों की घोषणा एवं अच्छी प्रगति होने पर बाजार में सकारात्मक रूझान दिखायी देता है तो यह आर्थिक जगत के मजबूत फंडामेंटल का आधार बनता है। निवेशकों को पूंजी बाजार में निवेश करते समय कंपनियों एवं बाजार के फंडामेंटल पर विशेष ध्यान देना चाहिए।

अनेक बार कंपनियों का फंडामेंटल तो मजबूत रहता है, परंतु बाजार का फंडामेंटल कमजोर रहने से शेयरों के भाव कम रह सकते हैं। निवेशकों को ऐसे समय में कंपनी के फंडामेंटल को अधिक महत्त्व देना चाहिए।

गाइडन्स : कंपनी जब आगामी समय में होने वाले अपने संभावित टर्नओवर या बिजनेस या कार्य के संकेत देती है तो उसे गाइडन्स कहा जाता है। प्रायः आईटी (इंफॉर्मेशन टेक्नोलॉजीज) कंपनियां इस शब्द का काफी उपयोग करती हैं। इंफोसिस ने आगामी तिमाही के लिए अपना गाइडन्स जाहिर किया था, जिससे उसके शेयरों का भाव काफी चढ़ा, ऐसे समाचार आपने पढ़े होंगे। कंपनी के भावी संकेतों के आधार पर उद्योग विशेष के संकेत का अनुमान भी लगाया जा सकता है।

गाइड लाइन अर्थात मार्ग रेखा : सेबी शेयर बाजार अथवा बाजार के मध्यस्थों के लिए जब-जब भी नीति-नियम जाहिर करती है तो उसे मार्ग रेखा कहा जाता है, इनका पालन करना आवश्यक होता है। दूसरे शब्दों में इसे शर्त एवं नियम भी कहा जा सकता है।

केवाईसी (नो योर क्लाइंट/कस्टमर) : वर्तमान समय में केवाईसी एक जरूरत बन गया है, विशेषकर बैंक एकाउंट, शेयर ब्रोकर के पास ट्रेडिंग एकाउंट या फिर डिमैट एकाउंट खुलवाते समय केवाईसी का उपयोग होता है। बेनामी तथा गैरकानूनी प्रवृत्ति का धन बाजार में प्रवेश न कर पाये इसके लिए यह नियम लागू किया गया है। नो योर क्लाइंट अर्थात आप अपने ग्राहक को जानो-पहचानो। दूसरे शब्दों में कहें तो ग्राहक वास्तव में अस्तित्व में है या नहीं, इसकी जांच करना जरूरी हो गया है। काला धन, अपराध व अंडरवर्ल्ड का धन, हवाले का धन आदि बैंकिंग व शेयर बाजार के माध्यम से प्रवेश कर रहा है। ऐसी शंका या भय के आधार पर सरकार ने इस पर अंकुश लगाने के लिए केवाईसी का पालन करना आवश्यक बनाया है। इससे पहले आईपीओ घोटाले के समय बोगस डिमैट और बैंक एकाउंट खुलवाने के प्रकरण प्रकाश में आये हैं, जिनमें कि वास्तव में कोई खाताधारक होता ही नहीं था और अनेक बेनामी और बोगस खाते खुल गये थे। इसके बाद सेबी ने पूंजी बाजार में केवाईसी आवश्यक करने का निर्णय लिया जो म्यूचुअल फंड के लिए भी लागू हो गया है।

लिस्टिंग : सार्वजनिक निर्गम में आवेदकों को शेयर आबंटित करने के बाद उन शेयरों को शेयर बाजार की ट्रेडिंग सूची पर सूचीबद्ध करवाया जाता है। इसे शेयरों की लिस्टिंग कहा जाता है।

लिक्विडिटी (प्रवाहिता) : शेयर बाजार में रुपये की आपूर्ति अधिक हो और बढ़ते हुए भाव में भी निरंतर लिवाली बढ़ती रहे तो बाजार में प्रवाहिता अधिक है, ऐसा माना जाता है। इसका एक अर्थ यह भी है कि ले-बेच दोनों निरंतर होती रहे और उनमें वाल्यूम भी काफी हो तो लिक्विडिटी अच्छी कहलाती है। बाजार में तेजी के लिए अच्छी लिक्विडिटी होना महत्वपूर्ण है। मंदी में लिक्विडिटी कम हो जाती है अथवा कम लिक्विडिटी होने पर बाजार में मंदी आ जाती है। अनेक बार बाजार में अधिक लिक्विडिटी के कारण भाव काफी बढ़ने लगते हैं जिससे बाजार में जोखिम बढ़ जाती है। भारतीय

रिजर्व बैंक समय-समय पर बाजार में लिक्विडिटी को अंकुश में रखने के लिए कदम उठाती रहती है।

लुढ़कना (एक ही दिन में भारी गिरावट) : शेयर बाजार का इंडेक्स सेंसेक्स या फिर निफ्टी यदि एक ही दिन में काफी गिर जाये तो इसे लुढ़कना अर्थात भारी गिरावट कहा जाता है। सामान्यत: एक ही दिन में 400-500 अंकों की गिरावट बाजार के लुढ़कने या फिर इतने ही अंकों की वृद्धि बाजार के उछलने का प्रतीक माना जाता है।

मार्केट ब्रेड्थ : बाजार की चाल एवं प्रवृत्ति को दर्शाने वाली बातों को मार्केट ब्रेड्थ कहा जाता है। शेयर बाजार में जब यह जानना हो कि बाजार की चाल सकारात्मक है या नकारात्मक तो इसका अनुमान निकालने के लिए मार्केट ब्रेड्थ को देखना चाहिए। एक्सचेंज पर सूचीबद्ध कंपनियों में से जितनी भी कंपनियों के दिन भर के दौरान सौदे होते हैं उनमें से बढ़ने वाली और घटने वाली दोनों स्क्रिपें होती हैं। यदि बढ़ने वाली स्क्रिपों की संख्या अधिक हो तो मार्केट ब्रेड्थ पॉजिटिव और यदि घटने वाली स्क्रिपों की संख्या अधिक हो तो मार्केट ब्रेड्थ नेगेटिव कही जाती है। उदाहरण स्वरूप बीएसई पर सूचीबद्ध कंपनियों में यदि किसी दिन 2500 स्क्रिपों में सौदे हुए हों और उसमें से 1500 स्क्रिपों के भाव बढ़े हों और 1000 स्क्रिपों के भाव घटे हों, मार्केट ब्रेड्थ पॉजिटिव अर्थात सकारात्मक कही जाती है। इसके विपरीत होने पर मार्केट ब्रेड्थ नेगेटिव अर्थात नकारात्मक कहलाती है। बाजार का रूझान जानने के लिए निवेशकों को घटने वाली और बढ़ने वाली स्क्रिपों पर ध्यान देना चाहिए। यह संख्या शेयर बाजार की वेबसाइट पर उपलब्ध है। बीएसई और एनएसई दोनों की वेबसाइट पर मार्केट ब्रेड्थ रोज-रोज ऑन लाइन देखने को मिलती है। सेंसेक्स की 30 स्क्रिपों में से 25 स्क्रिपें बढ़ी हों और 5 घटी हों तो सेंसेक्स की मार्केट ब्रेड्थ पॉजिटिव कही जाती है। इसी प्रकार प्रत्येक इंडेक्स की अपनी-अपनी मार्केट ब्रेड्थ जानी जा सकती है।

प्लेज शेयर (गिरवी रखे गये शेयर) : कोई भी निवेशक या खुद कंपनियों के प्रमोटर शेयरों को बैंक या अन्य वित्तीय संस्थानों के पास गिरवी रखकर ऋण ले सकते हैं। इस प्रकार ऋण के लिए बतौर गारंटी गिरवी रखे गये शेयरों को प्लेज शेयर कहा जाता है। कंपनियां इस मार्ग

से शेयर गिरवी रखकर ऋण सुविधाएं लेती हैं और उसका उपयोग कंपनी के विकास कार्यों पर करती हैं। ऋण लेने के लिए यह एक आसान एवं अच्छा मार्ग है। परंतु सत्यम कंप्यूटर घोटाले के बाद हुई जांच में सेबी का ध्यान इस तरफ गया कि कंपनी के प्रमोटर भारी संख्या में शेयर गिरवी रखकर धन इकट्ठा करके उसका अन्यत्र उपयोग कर लेते हैं, जिससे कंपनी को कोई फायदा नहीं होता। इस विषय में पारदर्शिता के अभाव में निवेशकों को इस सच्चाई का पता नहीं लग पाता है कि प्रमोटरों की कंपनी में कितनी शेयरधारिता है, क्योंकि प्रमोटरों की शेयरधारिता ही इस बात का संकेत है कि प्रमोटरों का कंपनी के साथ कितना हित जुड़ा हुआ है। सत्यम घोटाले के उजागर होने के बाद ही सेबी ने समय-समय पर प्रमोटरों द्वारा गिरवी रखे गये उनके हिस्से के शेयरों की जानकारी घोषित करने का दिशा-निर्देश जारी किया। निवेशकों को प्रमोटरों की शेयरधारिता पर ध्यान रखना चाहिए।

प्रॉफिट बुकिंग : शेयर बाजार में यह शब्द सबसे अधिक महत्व का है, जो कि न केवल समझाने के लिए महत्वपूर्ण है, बल्कि इसका अमल भी महत्वपूर्ण है। जब आप कोई शेयर 45 रु. के भाव पर लें और एक-आधे वर्ष बाद उसका भाव 85 रु. हो जाये और आप यह शेयर बेचकर नफा कर लें तो इसे प्रॉफिट बुकिंग कहा जाता है। सामान्यत: निवेशक लालच में इतना आकर्षक लाभ मिलने पर भी और अधिक बढ़ने के लालच में उन शेयरों को बेचकर प्रॉफिट बुक नहीं करते, जिससे अनेक बार फिर से भाव घट जाने पर या तो उनका नफा जाता रहता है या वे नुकसान में भी जा सकते हैं। जब तक आप 45 रु. का शेयर 85 रु. में बेचते नहीं हैं तब तक आपका वह नफा सिर्फ कागजों तक ही सीमित रहता है। वास्तव में उसे बेचकर उसकी रकम प्राप्त करने पर ही आप प्रॉफिट हासिल कर सकते हैं। निवेशकों को कौन-सा शेयर किस भाव पर निकाल कर अपना प्रॉफिट बुक कर लेना चाहिए, इसकी समझ होनी जरूरी है।

पेनी स्टॉक्स : जिन शेयरों का भाव पैसों में अर्थात 10 पैसे से लेकर 90 पैसे तक या फिर 1 रुपये-2 रुपये में बोला जाता हो उन्हें पेनी स्टॉक्स कहा जाता है। ऐसी कंपनियां बिल्कुल घटिया दर्जे की मानी जाती हैं तथा इनके शेयरों का कोई खरीदार नहीं रहता। प्राय: ऐसी कंपनियां जेड ग्रुप में

रहती हैं और इन कंपनियों में अधिकांशतः सटोरियो या ऑपरेटर हिस्सा लेते हैं। अपवाद स्वरूप अनेक बार ऐसी कंपनियों में भी कोई कंपनी ऐसी होती है जो टर्नअराउंड हो सकती है।

पीबीटी : प्रॉफिट बिफोर टेक्स – अर्थात सरकार को चुकाये जाने वाले करों के भुगतान के पूर्व का लाभ। पीबीटी वह मुनाफा है जिसमें सरकार को चुकाये जाने वाले करों (टैक्स) का समायोजन नहीं किया गया होता है।

रिकवरी : यह करेक्शन से बिल्कुल विपरीत स्थिति दर्शाती है अर्थात निरंतर घटते हुए बाजार में जब गिरावट रुक जाये और बाजार बढ़ने लगे तो इसे रिकवरी कहा जाता है। बाजार एक साथ घटता ही रहे तो इसे मंदी गिना जाता है परंतु मंदी के कुछ दिनों के बाद बाजार में सुधार हो तो उसे रिकवरी कहते हैं। जिस प्रकार किसी बीमार आदमी के स्वास्थ्य में दवा लेने के बाद कुछ सुधार हो तो उसे रिकवरी कहते हैं उसी प्रकार गिरते हुए बाजार में सुधार होने पर रिकवरी कहा जाता है।

रिलिस्टिंग : डिलिस्टिंग की तरह ही एक शब्द है रिलिस्टिंग। जब कोई कंपनी एक या अनेक कारणों से नियमों का उल्लंघन करने पर डिलिस्टि कर दी जाती है तो उसके बाद वह कंपनी फिर से उन नियमों का पालन करके एक्सचेंज में अपने शेयर फिर से लिस्ट करवा लेती है। इस प्रकार दुबारा सूचीबद्ध हुई कंपनियों के लिए रिलिस्टिंग शब्द का प्रयोग होता है। निवेशकों के लिए यह खुशी की बात होती है, क्योंकि जिस कंपनी के शेयर मात्र कागज के टुकड़े रह गये थे उनमें फिर से प्रवाहिता आ जाती है, उन्हें खरीदा-बेचा जा सकता है।

रोल बैक : अभी हाल ही में बजट के बाद वित्त मंत्री के मुंह से यह शब्द बार-बार बोला गया। इसका अर्थ यह है कि उठाया गया कदम पीछे नहीं लेना अर्थात जो निर्णय ले लिया गया वह ले लिया गया, उसे वापस नहीं लिया जायेगा। उदाहरण के लिए पेट्रोल की भाव वृद्धि घोषित करने के बाद वित्त मंत्री ने कहा कि उसका रोल बैक नहीं होगा तो इसका अर्थ यह हुआ कि भाव वृद्धि की घोषणा वापस नहीं ली जायेगी।

रेग्युलेशन : इस सरल शब्द का अर्थ इसलिए समझाना जरूरी है कि अधिकांश लोग रेग्युलेशन्स को नियंत्रण (कंट्रोल) मानते हैं, जबकि वास्तव में रेग्युलेशन नियमन है। ऐसे तो इन दोनों की भूमिका एक जैसी लगती है,

परंतु वास्तव में ये कहीं अलग भी हैं। कंट्रोल में स्वामित्व का भाव रहता है, जबकि नियमन में नियम का पालन करवाने का इरादा होता है। सेबी नाम की पूंजी बाजार की नियामक संस्था शेयर बाजार, शेयर ब्रोकर, म्यूचुअल फंड आदि का नियमन करती है। संबंधित हस्तियों से नियमों का पालन करवाने की जवाबदारी का निर्वाहन करवाना नियमन है।

रिस्ट्रक्चरिंग : सामान्य अर्थों में इसका मतलब है पुनर्गठन। कार्पोरेट भाषा में कहें तो जब कोई कंपनी खास उद्देश्यों के साथ अपने घाटे में कमी लाने या लाभदायिकता बढ़ाने के प्रयास स्वरूप जो कुछ फेरबदल करती है उसे स्ट्रक्चरिंग कहा जाता है। निवेशकों को कंपनी द्वारा उठाये गये इस प्रकार के कदमों का ध्यान से अध्ययन करना चाहिए। इसका मुख्य उद्देश्य कंपनी की स्थिति सुधारना होता है।

रिहेबिलाइजेशन अथवा रिवाइवल : जो कंपनी कंगाल होकर बीमार पड़ गयी हो तो उसके पुनरुत्थान की संभावना होने पर इसका प्रयास शुरू कर दिया जाता है। इसके लिए बीआईएफआर अपना मत व्यक्त करती है तथा कंपनी के प्रबंधन को ऐसा करने के लिए उचित समय देती है। ऐसी कंपनियों के पुनरुत्थान की प्रक्रिया पर निवेशकों को ध्यान रखना चाहिए और उसके आधार पर निवेश करने का निर्णय लेना चाहिए। हालांकि ऐसी बीमार और पुनरुत्थान की संभावनाओं वाली कंपनियों के भाव काफी गिर जाते हैं और उनमें सौदे भी नाम मात्र के होते हैं, परंतु यदि कोई मजबूत ग्रुप ऐसी कंपनी को संभालने के लिए तैयार हो जाये तो कंपनी के शेयरों का भाव रिकवर हो सकता है। ऐसी कंपनियों में जहां निवेश जोखिम भरा होता है वहीं इनमें लाभ की संभावनाएं भी रहती हैं।

रेटिंग : कंपनी के वित्तीय परिणाम, कार्य परिणाम, ट्रैक रिकॉर्ड आदि के आधार पर कंपनी की प्रतिभूतियों या कंपनियों को रेटिंग प्रदान की जाती है, जो कंपनी की साख एवं पात्रता का स्तर दर्शाती है। कंपनी या संस्थाओं के अतिरिक्त देश को भी रेटिंग उपलब्ध करायी जाती है। उदाहरण स्वरूप स्टैंडर्ड एंड पुअर (एस एंड पी), मूडीज जैसी संस्थाएं देश की समग्र आर्थिक स्थिति के आधार पर संबंधित राष्ट्र को भी रेटिंग प्रदान करती हैं। समय-समय पर मौजूदा स्थितियों के अनुवर्ती रेटिंग को अपग्रेड या डाउनग्रेड किया जाता है। किसी देश की रेटिंग ऊंची और अच्छी होती है तो विश्व

के अन्य देशों के निवेशक उक्त देश के उद्योग धंधों में निवेश करने के लिए प्रेरित होते हैं।

सर्किट ब्रेकर : सर्किट फिल्टर स्क्रिप पर लागू होता है जबकि बाजार के इंडेक्स पर सर्किट ब्रेकर लागू होता है। इंडेक्स दिन के दौरान कितने अंक या प्रतिशत बढ़ या घट सकता है इसकी मर्यादा को नियंत्रित रखने के लिए सर्किट ब्रेकर लागू किया जाता है। आपने कई बार सुना होगा कि सेंसेक्स या निफ्टी निश्चित प्रतिशत टूटने (घटने) के कारण बाजार कुछ समय के लिए बंद कर देना पड़ा। सर्किट ब्रेकर का उपयोग बाजार को तेजडियों और मंदेडियों की गिरफ्त से बचाने के लिए किया जाता है ताकि एक ही दिन में भारी मात्रा में उतार-चढ़ाव न हो सके। समय-समय पर सर्किट ब्रेकर की सीमा में फेरबदल किया जाता है।

सर्किट फिल्टर : किसी भी स्क्रिप का भाव एक ही दिन में अनावश्यक रूप से घटे या बढ़े नहीं अथवा कोई ऑपरेटर खिलाड़ी ऐसा न कर सके इसके लिए स्टॉक एक्सचेंज प्रत्येक स्क्रिप के उतार-चढ़ाव (चंचलता) को अंकुश में रखने के लिए सर्किट फिल्टर का तरीका अपनाती है। शेयरों के भाव के साथ कोई निरंकुश होकर छेड़खानी न कर सके इस उद्देश्य से शेयर बाजार विविध सर्किट फिल्टर निर्धारित करता है, जो कि 20 प्रतिशत की रेंज में होती हैं। जो स्क्रिप जितनी ज्यादा चंचल होती है उसे अंकुश में रखने के लिए कम प्रतिशत से सर्किट फिल्टर लागू किया जाता है, जबकि कम चंचलता वाली स्क्रिपों पर सर्किट फिल्टर का प्रतिशत अधिक होता है। एक्सचेंज सर्किट फिल्टर की सीमा में समय-समय पर परिवर्तन करता रहता है। उदाहरण के बतौर एबीसी कंपनी पर यदि 5 प्रतिशत की दर से सर्किट फिल्टर लागू है तो किसी एक कार्य दिवस में उस कंपनी के शेयरों का भाव अधिकतम या तो 5 प्रतिशत बढ़ सकता है या 5 प्रतिशत घट सकता है। इससे अधिक की घट-बढ़ होने पर उस कंपनी के उस दिन सौदे नहीं हो सकते। यह सर्किट फिल्टर एक दिन के लिए लागू होता है। अगले कार्य दिवस उसे फिर से नये सौदे करने की अनुमति मिल जाती है, परंतु उस दिन भी उस पर वही सर्किट फिल्टर की सीमा लागू रहती है। इस प्रकार किसी शेयर में ऊपरी सर्किट तेजी का तथा निचला सर्किट मंदी का संकेत देता है। निवेशक स्क्रिपों पर लगी सर्किट फिल्टर को ध्यान में रखकर उस स्क्रिप के संबंध में अनुमान लगा सकते हैं।

सर्कुलर ट्रेडिंग : शेयर बाजार में सटोरियों या ऑपरेटरों का एक ऐसा वर्ग भी रहता है जो अपनी पसंदीदा स्क्रिप की आपस में ही खरीद-बिक्री करके उसके भाव को अपनी इच्छित दिशा में ले जाने का प्रयास करता है। इस समूह के लोग पहले से ही आपस में सांठ-गांठ कर लेते हैं और आपस में ही शेयरों को खरीद-बेचकर उस शेयर के प्रति बाजार में विशेष रूझान बनाने का प्रयास करते हैं। इस प्रकार की ट्रेडिंग को सर्कुलर ट्रेडिंग कहा जाता है। सामान्य निवेशकों के लिए यह खेल समझाना कठिन जरूर है, परंतु निरंतर निरीक्षण एवं अनुभव के आधार पर इस तरह के खेल को समझाा जा सकता है और उनके इस जाल से बचा जा सकता है। एक्सचेंज का सर्वेलंस विभाग भी ऐसे सौदों पर विशेष ध्यान रखता है और ऐसे मामले सामने आने पर उन पर आवश्यक कानूनी कार्यवाही भी करता है। आम निवेशकों को तेजी के समय किसी विशेष स्क्रिप की खरीदारी करने से पहले इस बात का विशेष ध्यान रखना चाहिए कि कहीं उसमें सर्कुलर ट्रेडिंग करके उन्हें लुभाने का प्रयास तो नहीं किया गया है।

स्टॉप लॉस : प्रॉफिट बुकिंग की तरह ही बाजार में लॉस की अर्थात घाटे की बुकिंग करनी होती है, जिसे स्टॉप लॉस कहा जाता है तथा उचित समय पर ऐसा न कर पाने पर घाटा बढ़ता जाता है। माना कि कोई शेयर 45 रु. के भाव पर लिया और उसका भाव घटकर 38 रु. रह गया तथा आगे भी उसमें घटने का ही रूझान दिखायी दे तो निवेशकों को 38 रु. के स्तर पर शेयर बेच कर अपने घाटे को मर्यादित कर लेना चाहिए। ऐसा न करने पर घाटे की मात्रा काफी ज्यादा हो सकती है। रोज-रोज की खरीद-बिक्री के दौरान प्रॉफिट बुकिंग और स्टॉप लॉस की नीति का उपयोग प्रचुर मात्रा में होता है। स्टॉप लॉस को दूसरे शब्दों में कहें तो इसका अर्थ है कि घाटे की मर्यादा को नियंत्रित कर लेना। निवेशक इस प्रकार की खास सूचना के साथ अपना ऑर्डर भी रख सकते हैं।

स्टीम्युलस पैकेज : वैश्विक आर्थिक मंदी के बाद यह शब्द पूरे विश्व में प्रचलित हो गया। मंदी से उद्योग को उबारने के लिए या उस उद्योग का अस्तित्व टिकाये रखने के लिए जब सरकार राहत पैकेज घोषित करती है तो उसे स्टीम्युलस पैकेज कहा जाता है। राहत पैकेज में करों से छूट या मुक्ति, अनुदान, ब्याज माफी, ऋण वापस करने के नियमों में छूट जैसी

अनेक सुविधाओं का समावेश होता है। सरकार अपने बजट से ये सुविधाएं उस उद्योग को बचाने के लिए उपलब्ध कराती है। ये सुविधाएं निश्चित समयावधि के लिए होती हैं, स्थायी नहीं। इसलिये जब भी इस तरह का राहत पैकेज वापस लिया जाता है तब संबंधित उद्योग में थोड़ी-सी घबराहट जरूर नजर आती है और उसका असर उन कंपनियों के शेयरों पर भी पड़ता है। हालांकि सरकार राहत पैकेज वापस लेते समय इस बात की सुनिश्चितता करती है कि क्या वह उद्योग अपने बल पर खड़ा होने के लिए लायक बन गया है? राहत पैकेज से संबंधित सरकारी निर्णय उक्त उद्योग की कंपनियों के शेयरधारकों के लिए काफी संवेदनशील होते हैं।

सेबी : यह पूंजी बाजार-शेयर बाजार की नियामक संस्था है, जिसका पूरा नाम सिक्युरिटीज एंड एक्सचेंज बोर्ड ऑफ इंडिया है। सेबी का मूलभूत उद्देश्य है पूंजी बाजार का स्वस्थ विकास एवं निवेशकों का रक्षण। सेबी का गठन संसद में पारित प्रस्तावों के अनुरूप किया गया है, जो एक स्वायत्त नियामक संस्था है। इसके नियम शेयर बाजारों, शेयर दलालों, मर्चेंट बैंकरों, म्यूचुअल फंडों, पोर्टफोलियो मैनेजरों सहित पूंजी बाजार से संबंधित अनेक मध्यस्थों पर लागू होते हैं।

सेट अर्थात सिक्युरिटीज अपीलेट ट्रिब्युनल (एसएटी) : यह सेबी से सम्बद्ध एक न्यायालय के समान ज्युडिसरी बॉडी है। सेबी के आदेश के सामने सेट में अपील की जा सकती है। सेट के आदेश सेबी को मानने पड़ते हैं या सेबी उसके सामने भी अपील कर सकती है और हाईकोर्ट में भी अर्जी कर सकती हैं। जिस प्रकार इन्कम टैक्स के सामने अपील में जाने के लिए इन्कम टैक्स अपीलेट ट्रिब्युनल होती है उसी प्रकार सेट एक ट्रिब्युनल है।

स्वीट (स्वेट) इक्विटी : आईपीएल मैच के विवाद के दौरान यह शब्द थोड़ा चर्चा में आया था, परंतु शेयर बाजार और आर्थिक जगत में यह शब्द वर्षों से प्रचलित है। कंपनी जब अपने कर्मचारियों एवं निदेशकों को रियायती शर्तों पर इक्विटी शेयर देती है तब ऐसे शेयरों को स्वीट शेयर कहा जाता है। सामान्यत: ये स्वीट (स्वेट) इक्विटी शेयर कर्मचारियों एवं निदेशकों को उनके द्वारा कंपनी के हित में किये गये महत्वपूर्ण योगदान के बदले दिये जाते हैं। कभी-कभी ये शेयर बिल्कुल नि:शुल्क भी दिये जाते हैं।

सिक कंपनी : बीमार कंपनी या मंद कंपनी को सिक कंपनी कहा जाता है। कंपनी अधिनियम में बीमार कंपनी की व्याख्या की गयी है जिसके अनुसार जिस कंपनी की नेटवर्थ समाप्त हो गयी हो अर्थात जिस कंपनी का संचित घाटा बढ़कर उसकी नेटवर्थ से अधिक हो गया हो तो उसे बीमार कंपनी माना जाता है और ऐसी कंपनी बीमार कंपनी कही जाती है। बीमार हो चुकी कंपनी का इलाज हो सकता है, जिसके तहत प्रमोटर कंपनी में अन्य धन का निवेश करते हैं, दूसरे प्रमोटरों को सहभागी बनाते हैं, जिससे वह कंपनी बीमारी से बाहर आ सकती है। बीमार कंपनी को बीआईएफआर (बोर्ड फार इंडस्ट्रीयल एंड फाइनेंशियल रिकंस्ट्रक्शन्स) में सूचीबद्ध कराना होता है। यह बोर्ड कंपनी की स्थिति की जांच करके उसके इलाज की सलाह देता है। यदि उसे सुधरने का कोई रास्ता नजर नहीं आता तो ऐसी कंपनियों को वाइंड-अप (can) करने की सलाह दी जा सकती है। निवेशकों को ऐसी कंपनियों पर दोहरी नजर रखनी चाहिए। यदि ऐसी कंपनियों के सुधरने की संभावना हो तो उस कंपनी के शेयर कम भाव पर खरीद लेने चाहिए और यदि कंपनी बंद होती नजर आये तो अपने शेयर बेच देने चाहिए।

सेलिंग प्रेशर : शेयर बाजार में यह शब्द प्रचलित होने के साथ-साथ घबराहट फैलाने वाला है। इसका अर्थ है बिकवाली का दबाव। जब शेयर बाजार में निरंतर या बड़ी मात्रा में बिकवाली होने लगे तब ऐसी स्थिति को सेलिंग प्रेशर कहा जाता है। इससे बाजार मंदी की ओर जाता है। सेलिंग प्रेशर पूरे बाजार का भी हो सकता है या एफआईआई या म्यूचुअल फंड जैसे समूह का भी हो सकता है। जब किसी एक वर्ग द्वारा बिकवाली का दबाव हो तो ज्यादा चिंता की बात नहीं, परंतु जब यह दबाव सभी वर्गों में हो तो ऐसी स्थिति चिंतादायक होती है।

शेयरहोल्डिंग पैटर्न : यह शब्द निवेशकों में अधिक लोकप्रिय नहीं है, परंतु इसका महत्त्व काफी है। प्रत्येक कंपनी का शेयरहोल्डिंग पैटर्न होता है। इसका अर्थ यह है कि उक्त कंपनी की शेयरपूंजी में किस-किस वर्ग के कितने शेयर हैं, इसकी जानकारी शेयर होल्डिंग पैटर्न कहलाती है तथा इसके आधार पर कंपनी का मूल्यांकन भी किया जा सकता है। किसी भी कंपनी में अलग-अलग शेयरधारक होते हैं, जिसमें कंपनी के प्रमोटरों के अलावा सार्वजनिक जनता, विदेशी संस्थागत निवेशक (एफआईआई),

म्यूचुअल फंड, घरेलू संस्थागत निवेशक (जिसमें बीमा कंपनियों, बैंकों आदि का समावेश होता है), एनआरआई (अनिवासी भारतीय) आदि होते हैं। सामान्यत: जिस कंपनी में प्रमोटरों की शेयरधारिता अधिक होती है उसे मजबूत कंपनी माना जाता है, इसका कारण यह है कि कंपनी के प्रमोटरों का हिस्सा अधिक होने पर वे उसके विकास के लिए अधिक सक्रिय एवं गंभीर रहते हैं, ऐसा माना जाता है। जिस कंपनी की शेयरधारिता में जनता का हिस्सा कम होता है बाजार में उनके शेयर कम रहते हैं, जिससे बाजार में उसकी मांग बढ़ने पर भाव ऊंचे रहने या बढ़ने की संभावना अधिक रहती है। इसी प्रकार एफआईआई, वित्तीय संस्थाओं और म्यूचुअल फंड की शेयरधारिता अधिक होने वाली कंपनियों को भी अच्छा माना जाता है, क्योंकि उन कंपनियों में फंडामेंटल मजबूती के आधार पर ही तो इन वित्त विशेषज्ञों ने इनमें निवेश किया होगा, ऐसा माना जा सकता है। इस प्रकार कंपनी के शेयरहोल्डिंग पैटर्न को देखकर उस कंपनी की सेहत का सहज ही अनुमान लगाया जा सकता है। प्रत्येक कंपनी की स्वयं की वेबसाइट या शेयरबाजार की वेबसाइट पर प्रत्येक कंपनी का शेयरहोल्डिंग पैटर्न उपलब्ध है। निवेशक निवेश करने से पहले संबंधित कंपनी के शेयरहोल्डिंग पैटर्न को देख लें, ऐसी सलाह दी जाती है।

शॉर्ट कवरिंग : शॉट्‌स सेल्स (बनावटी बिकवाली) शब्द की चर्चा हमने पहले की थी। इस बार उसमें से सृजित दूसरे शब्द शॉर्ट कवरिंग को समझाते हैं। बाजार जब गिरावट की तरफ होता है तो उस समय मंदेडिये हाथ में शेयर न होने पर भी उनकी बिकवाली कर देते हैं, जिससे यदि बाजार उनकी धारणा के अनुसार और घटता है तो वे घटे हुए भाव पर शेयर खरीद कर उसकी डिलिवरी दे देते हैं अथवा सौदे को भाव अंतर के साथ बराबर कर देते हैं। इस प्रकार जब बाजार में अधिकांश कारोबारी खोटी बिकवाली करके, बाद में शेयरों की खरीदी करने लगे अर्थात शॉर्ट सेल्स करने के बाद खरीदी करने लगे तो ऐसी स्थिति को शॉर्ट कवरिंग कहा जाता है। शेयर बाजार से संबंधित इस शब्द का अखबारों में या दैनिक मार्केट रिपोर्ट में काफी उपयोग होता है। शॉर्ट कवरिंग के कारण बाजार घटने से रुका या बाजार रिकवर हुआ ऐसी बातें सुनने को मिलती हैं। इस प्रकार शॉर्ट कवरिंग गिरते हुए बाजार को थामने का काम करता है।

शेयर बाजार में डिस्काउंट : शेयर बाजार में डिस्काउंट का दूसरा अर्थ भी होता है। जब बाजार में किसी कंपनी के शेयर का भाव उसके मूल भाव से नीचे चल रहा है तो उसे डिस्काउंट कहा जाता है। इसे विलो पार अर्थात सममूल्य से कम भी कहा जाता है। दूसरी तरफ किसी कंपनी के शेयरों का विद्यमान बाजार भाव यदि उसके सम्भावित भाव से कम चल रहा हो तो इसे भी शेयर डिस्काउंट पर मिल रहा है, ऐसा कहा जाता है।

यह हुई शेयर के भाव में डिस्काउंट की बात। दूसरी तरफ शेयर बाजार में अनेक ऐसी घटनाएं एवं समाचार होते हैं जहां इस शब्द का उपयोग किया जाता है। किसी घटना के होने की संभावना मात्र से बाजार पर उसका असर पड़ जाये और वह घटना वास्तव में घटित होने पर उसका खास असर बाजार पर न पड़े तो कहा जाता है कि वह घटना डिस्काउंट हो गयी। उदाहरण के लिए रिजर्व बैंक की घोषणाएं होने की संभावना से ही बाजार पर उसका असर पड़ जाये और सचमुच घोषणा होने पर उसका कोई खास असर दिखायी न दे तो कहा जाता है कि रिजर्व बैंक की घोषणाएं डिस्काउंट हो गयीं।

टॉप और बॉटम : शेयर बाजार में जब भी कोई शेयर या सूचकांक अपने उच्चतम स्तर पर पहुंचता है तो कहा जाता है कि उक्त शेयर या उक्त इंडेक्स ने अपना टॉप बना लिया है। इसी प्रकार निचले स्तर पर होने पर बॉटम कहलाता है। यह टॉप या बॉटम समय अंतराल के आधार पर निर्धारित होता है। उदाहरण स्वरूप सेंसेक्स ने वर्ष 2009 में 17500 का टॉप और 7600 का बॉटम बनाया।

टर्नअराउंड : जब कोई कंपनी घाटे से बाहर निकल कर मुनाफा करने लगे या भारी घाटा दर्शाने वाली कंपनी का घाटा नाम मात्र रह जाये तो ऐसी कंपनी को टर्नअराउंड कंपनी कहा जाता है। निवेशकों को ऐसी कंपनियां तलाशते रहनी चाहिए क्योंकि ऐसी कंपनियों में आगामी समय में मुनाफे की गुंजाइश बढ़ जाती है जिससे उनके भाव बढ़ने की संभावना हो जाती है। व्यापारिक पत्रिकाओं, रिसर्च एजेंसियों, स्टॉक एक्सचेंज की वेबसाइट का निरंतर अवलोकन करके इस प्रकार की कंपनियों को चिन्हित किया जा सकता है। कई बार किसी निश्चित उद्योग में मंदी का दौर समाप्त होने पर उस क्षेत्र से जुड़ी कंपनियां टर्नअराउंड हो जाती हैं। इसी प्रकार कई बार पूरा

बाजार भी टर्नअराउंड होता है, जिसमें बाजार निरंतर गिरावट वाले नेगेटिव रूझान से निकलकर सकारात्मक की ओर प्रस्थान करता है।

टेकओवर : जब कोई एक कंपनी दूसरी कंपनी का अधिग्रहण करती है तो इसे टेकओवर कहा जाता है। कार्पोरेट क्षेत्र में बड़ी कंपनियां अपने जैसा ही कारोबार करने वाली छोटी परंतु अच्छी कंपनियों का टेकओवर करके अपना कद बढ़ाती हैं। आपने कुछ समय पूर्व स्टील क्षेत्र की टाटा स्टील द्वारा विदेशी कंपनी कोरस के अधिग्रहण की बात सुनी होगी। अभी हाल ही में फोर्टिस हेल्थकेयर ने विदेशी कंपनी पार्कवे का मेजोरिटी हिस्सा अधिग्रहित किया है। भारती एयरटेल अफ्रीका की जेन कंपनी का अधिग्रहण करके चर्चा में रही है। कोई भी कंपनी जब दूसरी कंपनी का टेकओवर करती है तब उसका स्वामित्व या नियंत्रण अपने कब्जे में ले लेती है, जिसके कारण ये टेकओवर शेयरधारकों एवं निवेशकों के लिए संवेदनशील एवं महत्त्वपूर्ण हो जाते हैं। जब कोई मजबूत और समर्थ कंपनी किसी दूसरी कमजोर कंपनी का अधिग्रहण करती है तो कमजोर कंपनी के शेयरधारक खुश हो जाते हैं, जबकि अधिग्रहित करने वाली कंपनी के शेयरधारक सोचते हैं कि इससे उनकी कंपनी पर बोझा न बढ़े तो अच्छा।

टेकओवर परस्पर आपसी सहमति से भी होता है तथा बाजार की व्यूहरचना के साथ चालाकी से भी किया जाता है, जिसमें अनेक बार जिस कंपनी का टेकओवर किया जाता है, उस कंपनी के मैनेजमेंट को अंधेरे में भी रखा जाता है। इस प्रकार के टेकओवर वार के अनेक किस्से कार्पोरेट इतिहास में दर्ज हैं। ऐसे टेकओवर को होस्टाइल टेकओवर कहा जाता है। इस विषय की जटिलता एवं शेयरधारकों की सुरक्षा एवं हितों के विभिन्न मुद्दों को ध्यान में रखते हुए सेबी ने टेकओवर रेग्युलेशन्स बनाया है और समय-समय पर आवश्यकतानुसार उसमें सुधार भी किया जाता है। निवेशकों को कार्पोरेट टेकओवर के किस्सों पर नजर रखनी चाहिए क्योंकि आगामी वर्षों में ऐसे किस्से बढ़ने की संभावना है। भारी प्रतिस्पर्धा में न टिक पाने वाली छोटी एवं मध्यम कद की कंपनियों को विशालकाय कंपनियां टेकओवर कर लें तो ऐसे में उन छोटी कंपनियों की किस्मत बदल जाती है, जिसका प्रभाव दोनों कंपनियों के शेयर भावों पर पड़ता है।

टार्गेट : इसका सरल अर्थ है लक्ष्य। शेयर बाजार में टार्गेट शब्द का

उपयोग शेयरों के भाव के संदर्भ में व्यापकता से उपयोग किया जाता है। विशेषकर एनालिस्ट अपनी रिपोर्ट में इस शब्द का उपयोग करते हैं। उदाहरण के लिए एक कंपनी के शेयरों का भाव आगामी तीन महीनों या छह महीनों में 500 रु. तक पहुंचने का टार्गेट है। इस टार्गेट अर्थात लक्ष्य के लिए एनालिस्ट विभिन्न कारण भी बताते हैं। टार्गेट भाव शार्ट टर्म के लिए अधिक उपयोग किया जाता है और उसमें परिस्थितियों के अनुसार समय-समय पर बदलाव भी किया जाता है। यहां इस बात का विशेष ध्यान रखना चाहिए कि जब कोई एनालिस्ट किसी शेयर का टार्गेट भाव बताये तो उसके आधार पर आंख बंद करके निवेश नहीं करना चाहिए। तेजी के समय ऐसे टार्गेट भले ही पूरे हो जायें, लेकिन हमेशा ऐसा हो ही, यह जरूरी नहीं।

ट्रीगर : यह शब्द जरा संजीदा है। इसका सादा अर्थ है बाजार का चालक बल या ड्राइवर। बाजार की भाषा में कहें तो मार्केट को ऊंचा ले जाने के लिए किसी ट्रीगर की जरूरत होती है। शेयर बाजार एक या अनेक कारक तत्वों के आधार पर संचालित होता है, उसकी गति ऊपर या नीचे की ओर हो सकती है परंतु बाजार को वेग देने के लिए ट्रीगर प्वाइंट जरूरी है। उदाहरण के लिए सरकार जब कोई उदार एवं प्रोत्साहनात्मक नीति जाहिर करती है तब बाजार को ऊपर जाने के लिए ट्रीगर मिल जाता है अथवा रिलायंस जैसी विशाल कंपनी का परिणाम काफी उत्साहवर्धक जाहिर हो तो यह भी बाजार को ऊपर ले जाने के लिए ट्रीगर बन सकता है। रिजर्व बैंक की ऋण नीति अत्यधिक प्रोत्साहन वाली थी, जिससे बाजार को ऊपर जाने का ट्रीगर मिल गया। इस प्रकार शेयर बाजार की चाल को वेग देने वाले कारक तत्वों को ट्रीगर कहा जाता है। अहा जिदंगी या उसके इस कॉलम को पढ़ना भी आपके लिए ट्रीगर हो सकता है क्योंकि इसको पढ़कर आप लाभान्वित होते हैं।

यूसीसी : युनिक क्लाइंट कोड- शेयर दलालों के पास अपना पंजीकरण कराने वाले प्रत्येक ग्राहक को एक कोड नंबर दिया जाता है। ब्रोकर के पास शेयरों के सौदे लिखवाते समय ग्राहकों को यह कोड नंबर बताना होता है।

युलिप : अप्रैल के महीने में यह नाम विवादित हो गया था। युलिप का पूरा नाम है यूनिट लिंक्ड इंश्योरेंस प्लान। अर्थात एक ऐसी निवेश योजना जिसमें निवेश करने से व्यक्ति का जीवन बीमा भी हो जाता है। उसके द्वारा

किये गये निवेश को सिक्युरिटीज मार्केट में निवेश किया जाता है, जिससे उसे प्रतिभूति बाजार का एक्सपोजर भी मिलता है। अभी हम इसके विवाद की बात करने के बजाय युलिप के बारे में बताना चाहेंगे। युलिप एक म्यूचुअल फंड के समान स्कीम है जो निवेश के साथ बीमा का भी लाभ ऑफर करती है। यहां यह स्पष्ट करना जरूरी है कि निवेशकों को बीमा प्रोडक्ट में बीमा के तरीके से ही निवेश करना चाहिए। जो व्यक्ति सचमुच अपने परिवार के हित में अपने जीवन को बीमित करना चाहता है उसके निवेश में बीमे की मात्रा अधिक रहने वाली योजनाओं का समावेश होना चाहिए। युलिप में बीमा का हिस्सा काफी कम होता है और सिक्युरिटीज में निवेश का हिस्सा काफी ऊंचा होता है। युलिप हो या ऐसी ही कोई अन्य योजना निवेशकों को चाहिए कि वे इन योजनाओं का बारीकी से अध्ययन करके ही अपनी आवश्यकता के अनुरूप इसका चयन करें।